「そのままの自分」を生きてみる

精神科医が教える 心がラクになるコツ

精神科医
藤野智哉
Fujino Tomoya

Discover

はじめに

精神科医として働いたり、ＳＮＳや講演で多くの人とかかわったりするなかで、こうした言葉をよく聞きます。

「このままじゃダメ」「変わらなきゃ」「もっとがんばらないと」「成長しなきゃ」といった「変わろう」という気持ちの言葉です。

たとえば、仕事で失敗をしたときに「このままじゃダメ。がんばらないと」とか、人間関係で悩んだときに「いいかげん変わらなきゃ」みたいな思いをもってしまう人がいます。あるいは、子育てが思いどおりにいかないときに「ちゃんとした親にならなきゃ」みたいなあせりを抱えてしまう人です。

自分の至らない点を改善しようとすることや、少し背伸びをして努力すること、成長しようとがんばることもたしかに大事だとは思います。

だけど、自分につらい、しんどい思いをさせて、自分をすりへらしてまで本当にすべきことでしょうか。

僕らは日々の中で「当たり前」とか「普通」「常識」という言葉で表されるルールや価値観に必死で合わせようとして生活しているところがあります。

もちろん社会の一員として守らなきゃいけないルールはあるけれども、誰がつくったかわからない謎なルールや枠組みが多すぎますよね。

そんな謎でいびつな枠組みにでも、なんとなく「無理してでもはまらなきゃ」と思ってやっている人も少なくないと思うんです。

でもね、そこに無理してはまろうと思ったら、自分が歪んでしまうんですよね。

もちろん柔軟性のある人もいるかもしれないけど、そんな人は多くない。

だから、無理してはまろうとするより「そのままの自分」を大切にすることも考えてみてほしいのです。

つい人と比べてしまって「あの人みたいに、いつも明るく穏やかに仕事できたらいいのにな」なんて落ち込む人、SNSの発信ですごい人を見ては、「こんな私のままじゃダメだ……」とため息をついてしまう人もいます。

今って、SNSを開けばすぐに他人と比べることができるうえ、昔から変わらず、あれこれよけいなお世話を言ってくる人たちもいて。「自分は自分でいい」という気持ちが揺らぎやすかったりします。

そんななかで「そのままの自分では生きられない」というのもわかります。

でも、「自分らしさ」をなくしてまで、自分の本当の気持ちや、本来の特性を置き去りにしてまで、変わったりしなくていいのではないでしょうか。

他人を目指した先に理想の自分はいません。

転職や異動など職場の変化、出産や引っ越し、別れなど生活環境や人間関係の変化があって、「新しいところで適応しなきゃ」みたいに感じて、この本を手にとった人も少なくないと思います。

「新しい職場に早く慣れて、仕事も覚えなきゃ」「仕事も育児もちゃんと両立して、迷惑かけないようにしないと」などとがんばって、まわりに合わせよう、状況に適応しようとする人たちです。

職場や周囲の環境に合わせよう、なじもうとすることも大事だと思いますが、そんなときは「変わらなきゃ」とあせらないで、まずは疲れたり、しんどくなっている体や気持ちのケアのほうを先にしてみてほしいのです。

大好きな人との結婚や望んだ会社への転職、昇進など、うれしいことやおめでたいことであっても、環境変化はストレスになったりするものです。

ましてや望んだ場所ではなかったり、苦手なタイプの人が上司になったりした場合、親しい人とのお別れなどで大きく環境が変化した場合は、さらにストレスの負荷が大きくなったりします。

今までとは大きく環境や状況が変わるのですから、心も体もしんどくなって当たり前なんですよ。

心身のケアができて、落ち着いたときに、それでもあらためて「変わろう」と思えたのなら、変わればいいんじゃないでしょうか。

「自分を変えよう」とすることも大事だけど、「自分をケアする、いたわる」ことも大事にしてみてほしいなと思います。

そもそも「変わる」ってけっこう大変です。

慣れている仕事をするより新しい仕事をするほうが疲れたり、いつもの道を歩くより新しい街を歩くときのほうが緊張したりします。

「変わる」ってとてもエネルギーがいるし、疲れることなのです。

それにね、「変わらなきゃ」とか「このままじゃダメ」って感じるときは、その言葉の裏には、こんな気持ちが含まれていたりします。

・今の自分が嫌い
・今の自分は正しくない
・今の自分は何かが足りない

自分を否定する気持ちがあるんですね。

だから「変わりたい」と思えば思うほど、自分の否定につながってしまって、なんだか苦しくなってしまうってこともあったりするのです。

僕は「無理して変わろうとしなくていいよ」って伝えたいです。

無理して変わろうとするよりも、弱い自分、つらい自分、しんどい自分、できない自分、ポンコツな自分、すぐ弱音を吐く自分、そのまま全部ひっくるめて「そのままの自分を大切にする」ことを意識してみてほしいなと思うのです。

一方で「変わりたい」という気持ちも、もちろん大切です。

今がうまくいっていなかったり、不足していると感じる部分があって、変わることでうまくいくようになるのならうれしいことですよね。

もしも今、ちょっとだけでも変わりたいな、前に進みたいと思うなら……**やっぱり「今の自分」をめちゃくちゃ大切にしてください。**

失敗したり、うまくいかないことがあっても、「自分が自分のいちばんの味方でいてほしい」って思います。

自分の心も体もケアして、いたわって、大切にしてあげてほしいのです。

そのうえで、心身ともに整ってフラットな状況になったら、「うまくいかない自分」や「うまくいくためには何が大切か」に向き合ってみればいいのではないでしょうか。

そんなときに、自然と無理なく変わっていけたりするものですよ。

実は、こんなことを話す僕自身にも、覚えがあるのです。

何度か別の場所でもお話ししているのでご存じの人もいるかもしれませんが、僕は幼いころに川崎病という病にかかり、その後遺症で心臓にこぶができて、激しい運動ができずにいました。小学生のときにプールに入ったり、サッカーをしたり、長距離走ができなかったのです。

そのころは、とにかく「みんなと違う」ことがイヤで、「そのままの自分」を受け入れられずに悲しい思いもしました。

けれども、「こんな自分はダメなんだ」と自己否定にならなかったのは、「できないのは『僕のせい』ではなくて、『病気のせい』なんだ」ときちんと原因と向き合ってきたからだと思います。

「なんとなく自分のせい」にせず、あせらずに原因と向き合って、「できない自分」を受け入れてきたからだと思います。

だから、別に泳げなくても浮輪を使えばいいし、そもそもやりたくもない長距離走まで他人と同じを目指さなくていい、と思える自分に出会えました。もちろん時間はかかりましたが。

「そのままの自分を生きる」ためには、あまり気合を入れすぎずに、あせらずにゆるりと肩の力を抜くことも大切じゃないかなと思います。

いきなり「そのままの自分を生きよう」と言われても、全部の自分をありのまま、そのままさらけ出すっていうのは怖いし、どうしたらいいのかわからないという人もいるでしょう。その気持ちもわかります。

だから、この本では「ちょっとだけ、そのままの自分を生きること」「そのままの自分を生きてみること」というのをまずは提案したいな、と思いました。

「変わらなきゃ」って思ったときは、「このままじゃダメ」って思ったときは、ちょっと落ち着いて。

ベッドでもソファでも、ごろんと横になってみて。

少しだけ「そのままの自分」を見せちゃダメかを考えてみてください。

そのままの自分で生きられない場面やタイミングもあると思います。時にはまわりに合わせたり、会社や世間のルールを守りながら、常識や普通を気にしながら生きなければいけないこともあると思います。
でも、やっぱり弱い自分やポンコツな自分、できない自分、凹む自分、そんな自分を「これも自分だなぁ」とありのままそのまま受け止めて、「そのままの自分」を生きることも大切にしてみてほしいなと思うのです。

2024年3月

藤野智哉

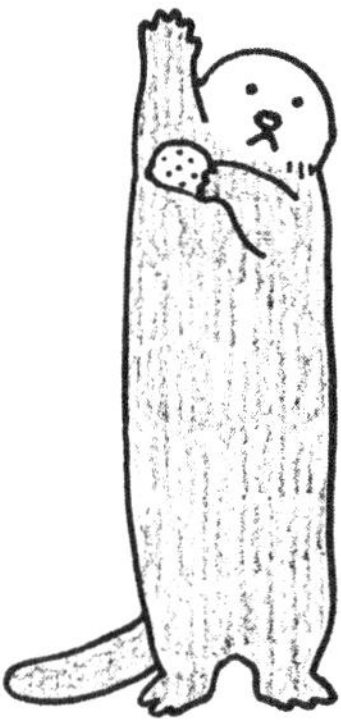

「そのままの自分」を生きてみる　もくじ

はじめに　003

第1章

まずは自分をいたわり、ケアする

「変わりたいとき」は、つらいときやしんどいとき。
まずは自分を癒して、ケアしてあげて。　022

自分が「しんどい」と思ったら、それはもう「しんどい」ってことです。　026

たまった疲れは一朝一夕にとれません。
だからこそ、たまる前からケアやご自愛が必要なんですよ。　030

世の中が「逃げグセ」に厳しすぎるせいで、みんな「逃げないグセ」がつきすぎなんですよね。 034
助けを求めるのは弱いからじゃなく、なんとかしようって意志があるから。あきらめてないんです。逆につよつよでしょ？ 038
惰性で生きたっていい。がんばるだけが人生じゃない。 042
雑に扱われることに慣れないで。あなたには大切に扱われる価値と権利があります。 046
「今の自分も好きだけど、次はこういう自分も面白いかも」そんなスタンスで「変わりたい」と思えたらいいですよね。 050

第2章

「他人」を気にしすぎない

世の中には、正面から受け止めなくていい言葉があります。 056
好きでもない人にまで好かれようとがんばってないですか？ 060
「俺にかまわず行け！
お前は自分の人生に集中しろ！」って言ってあげましょう。 064
たかがSNSを「たかがSNS」と思えなくなったら、
ネットから距離をとろう。 068
「自分がそう受けとっているだけ」ということもあるかもよ。 072

同じものを見ているようで、見えているものは一人ひとり違う。 076
「普通」かどうかなんて、ただの多数決だったりします。 080
相手の行動の意味をいちいち考えてもムダ。
だってこの世には意味のない行動、めっちゃあります。 084
そうしたいと思った「自分の気持ち」にちゃんと向き合ってみる。 088

第3章 「人間関係」をちょっと変えてみる

人間関係は「距離をとって解決」というパターンもあります。 094

足を引っ張ってくる人を気にするより、手を引っ張ってくれる人と仲良く生きていきましょうよ。 098
相手が怒っているのは「相手のせい」。「自分のせい」と思う必要はないんですよ。 102
相手を「猫」と思って心理的な距離をとってみる。 106
「伝える」って大事です。「自分の気持ちを大切にしている」ということになるんですよ。 110
他人はあなたのために生きてないから、思いどおりにならなくてもしょうがない。 114
「誰のためならがんばれるか」をちゃんと考えておく。 118

第4章

「自分の気持ち」に耳を傾ける

○「優しい嘘」ならついていい。言わなくていいことは言わない。……122
○迷ったら「そんな自分を許せるか」で判断する。……126
○正解がないことの正解を出そうとムダに悩んでしまっている人が多いけど、残念ながら世の中、白黒はっきりしないことだらけですよ。……130
○「普通の人」「ちゃんとした人」なんていう実在しない生き物を目指さなくていい。……136
○「自分が幸せに感じること」を考えてノートに書き出してみる。……140

自分の幸せの輪郭をどうか他人の言葉でつくらないで。 146
あまり自分だけを責めたり厳しくしなくてもいい。 152
「100%相手のせいじゃないとしたら?」を考えてみる。 156
ミスを謝るのはいいけど、ミスした自分を否定するのはやめておこう。 160
自分の本来の特性や素のままの自分を大切にしてみる。 164
「7日間を『5日労働』『2日休み』に最初に分けた人が悪い」って思ってしまってもいい。 170
「変えられるもの」に目を向けてこれからを生きたいじゃないですか。 174

第5章

自分のタイミングがきたら、変われるように

人からの評価を気にしない。変わりたいときはつねに自分目線。「他人の目線」は禁止。 182
「変わりたい」と思ったときは「逆に休んでみる」が大切。 186
「自分にとって何が必要で、何を捨てていいのか」を考えてみる。 190
人に頼れることも「強さ」なんですよ。 194

自分に向き合い、変わるのって、タイミングがすごく大事。 198

ずっと「誰かのせい」にしても人生はあんまり好転しないから。「自分ができること」に目を向けてみる。 202

人間は意志が弱いものだから、「環境の力」を借りてしまおう。 206

白黒つけなくてもいい。くよくよ悩んだままでもいい。すぐに答えを出せなくてもいい。 210

当たり前のように思うその一歩は、全然当たり前じゃないから。 214

おわりに 219

第1章

まずは自分をいたわり、ケアする

「変わりたいとき」は、
つらいときやしんどいとき。
まずは自分を癒して、ケアしてあげて。

「変わらなきゃ」「このままじゃダメ」「できるようにならないと」というように、「変わりたい気持ち」を話される人は多いです。


「ちょっとしたことでくよくよ落ち込んじゃう。いいかげん変わらなきゃ」

「なんでもっと上手に言えないんだろう。いい年して、このままじゃダメ……」

「ミスして職場の人に迷惑をかけてしまった。早くきちんと仕事を覚えて、できるようにならないと」

「またイライラして子どもに怒ってしまった。こんなママじゃダメ。子どものためにもしっかりしなきゃ」

「ちゃんと今の職場に慣れないと。もっとがんばろう」


このように話して、「だから変わりたい」と言ったりしがちです。

でもね、「変わりたい」ときって、実は、たいていよくない状況にいて、「つらい」「しんどい」と感じるときだったりします。

たとえば仕事でミスして落ち込んでるときだったり、つい誰かと比べて「自分はできてない……」と凹んでるときだったり、人間関係でうまくいかないことがあって悩んでいるときだったりするのです。

あるいは、友人から「そんなことでいいの？」と批判されたり、まわりの人の行動を見て、「私もちゃんとしないと」なんて思ったりするときだったりします。

新しい環境で生活するようになって、慣れよう、しっかりやろうとあせっているときなどもそうかもしれませんね。

だから、「変わらなきゃ」「このままじゃダメ」となっています。

「成長しなきゃ」「がんばらないと」と言いながら、無理して自分をすりへらしちゃってないですか？

「成長する」のも「がんばる」のも大切ですが、でもね、無理して自分をすりへらしてしまったらもったいない。

いちばん大切なのは「自分」です。

「変わらなきゃ」「このままじゃダメ」「できるようにならないと」と思ったときは、がんばったり努力したりする前にやることがあります。

それは、自分に無理をさせてないか、自分をすりへらしてしまってないか、って自分のことを考えてあげることです。

自分のことを気づかってあげるのです。

そして、そんな自分をまずは癒す、ケアする。

そこから始めてほしいな、って思います。

ポイント

まずは、自分に無理をさせてないか、自分を気づかう

自分が「しんどい」と思ったら、
それはもう「しんどい」ってことです。

「しんどい状態」が普通になっている人が多いですよね。

今の日本って、賃金もなかなか上がらないし、円の価値も下がっているし、他人を助ける余裕のある人も少ないし、そもそもコロナ禍を経て、人とのつながりが希薄になっていたりします。

でも、みんな文句を言わずに、がんばって日常を続けてますよね。

こんな環境では、心がしんどくなって当たり前なんです。

それなのに「しんどいって言わずに、我慢してがんばるのが美徳」みたいな風潮がまだまだ日本にはあったりします。

それが普通になってしまっているのはまずい。

だって、人間はそんなに強くないです。

しんどい状況が続くと、気持ちがもたなくなることだってあるでしょう。

でも調子悪いのがメンタルのせいだと思えなかったり、思ってはいけないという風潮もあったりするんですよね。

それに、「しんどいときほど休めなくなる」という人もいます。

「みんなだってこれくらいしんどいだろう」と勝手に思ってみたり、「自分だけが甘えてるんじゃないか」と自分を責めてみたり。
そもそも「みんなが」とか「自分だけ」とか他人と比べる必要はないんです。それぞれバックグラウンドも違えば、状況も、本人の性格も何もかも違うんですから。

自分が「しんどい」と思ったら、それはもう「しんどい」ってことです。

ただ、「しんどさ」になかなか気づけない人も多いです。
そういう人は、「いつもと違う自分」に目を向けてみてください。
たとえば、
・なんだかイライラする
・SNSに誰かを傷つける言葉を書いてしまった
・暴飲暴食をしてしまった
・お風呂に入るのがしんどい
・朝、起きるのがつらくなってきた
などです。

普段の生活の中でこういう「いつもと違う自分」に気づいたら、「何か我慢してることやストレスになっていることはないか」を考えてみるのです。

「あ、私、今ストレスいっぱいかも」「私、つらい気がする」そんな自分に気づいたら、思いきって休んだり、自分をケアするスタート地点です。


これは僕が30年以上人間をやっていてたどり着いた真理なんですが、ごはんを美味《おい》しいと思えないときは、何をやってもうまくいかない。

がんばる前に、しんどい気持ちをまずはケア。

これ、大事なことです。

ポイント

しんどい気持ちに気づいて、ケアしてあげる

たまった疲れは
一朝一夕《いっちょういっせき》にとれません。
だからこそ、たまる前から
ケアやご自愛が必要なんですよ。

人間には一人ひとり「容量」があります。

体力もメンタルも無限ではありません。

けっこう、あっという間に限界に到達したりします。

気づいたら起き上がれなくなっていた、会社に行こうとすると涙が止まらない……なんてことはいくらでも起こりうるのです。

しんどいときはイヤなことばかり目につくし、みんなが敵に見えるからうまくいくものもうまくいかなかったりして。怒りの沸点も低くなるし、小さいことが気になったりもします。

こんなふうに「しんどい」「もうイヤ」と思ったときは、ゆっくりお風呂に入り、よく寝て、しっかり食事をとってみてください。

するとどうでしょう?


嘘みたいに疲れがとれず、相変わらずしんどいのです!

たまった疲れというのは、そんな一朝一夕でとれるものではありません。だからこそ、たまる前からケアやご自愛が必要なのです。

「体」はマッサージに行ったり、ストレッチをしてケアするのに、「メンタル」は全然ケアしない人が多すぎますよね。
「疲れた」「イライラする」「なんか苦しい」と思うなら、メンタルをケアするタイミングです。

絶対大人にもイヤイヤ期ってあるよね？　何もしたくなさすぎる。

こんな感じになったときは、休みをとってゴロゴロしたり、自然の中でリラックスしたり、友人とおしゃべりして発散したり、とにかく休むなり、ストレス解消できそうなことをするなり、**ご自愛を開始してください。**

それでもまだ、「疲れた」とか「イライラする」などと感じているうちはいいかもしれません。

苦しいときより、苦しいと感じなくなったときのほうが危ないということは知っておいてほしいです。

感情が動かなくなったら要注意。何も感じないから大丈夫、ではないのです。

そんなときは「助け」を求めてください。僕は精神科医ですから、気軽に精神科を受診していただくのもありだと思いますが、もし、まわりに話せる人がいるなら、「助けて」という話をしてみてもいいかもしれません。

強そうに見える人ほど助けを求めづらくて、結果、しんどくなっちゃうことが多くあります。

みんな、つぶれる直前まで他人からは強く見えていたりするんですよね。

傷が浅い、しんどすぎない段階で対処することが大事です。

メンタルも、しんどさがたまる前からケアやご自愛が必要なんですよ。

ポイント

傷が浅い、しんどすぎない段階で対処する

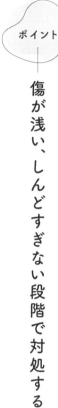

世の中が「逃げグセ」に
厳しすぎるせいで、
みんな「逃げないグセ」が
つきすぎなんですよね。

ピンチになったら、「がんばる」ではなく「逃げる」ことも知ってほしいなと思います。

世の中が「逃げグセ」に厳しすぎるせいで、みんな「逃げないグセ」がつきすぎなんですよね。

たとえば、僕ら精神科医のところにこられる患者さんやご家族の中には「転職なんてもってのほか」という人も少なくないのですが、僕らはそれもつねに選択肢の一つに入れていますし、実際にそうしてうまくいった人も見てきています。

仕事の中には「向き・不向き」「合う・合わない」もあります。

企業の中には、「ブラック企業」だってあります。

それなのに「つらいから転職する」を「逃げ」だと思って、罪悪感をもってしまう人も多かったりするんですよね。

「逃げる」。いいじゃないですか。

自分を守るために逃げられたのなら、むしろ自分を褒めてあげてください。

人生を続ける、自分の人生から逃げないために、今逃げる。

そもそも「何を『逃げ』と呼ぶのか」という問題もありますよね。

自分の気持ちがつらいのに、無理して会社に残るのは、自分の気持ちから「逃げてる」ともいえます。

自分の心を大事に考えるなら、「逃げない」選択が「逃げ」だったりするんです。

他の人からバカにされようが否定されようが、とにかく逃げたから、今、生きているという人は少なからずいます。

「逃げる」ことを無責任な言葉で邪魔する人は、逃げようとする人の人生の責任をとってくれるわけじゃないですからね。

「3年続けないとどこも雇ってくれないよ」とか「転職ばかりしてると職歴に傷がつくよ」なんていう人もいるかもしれませんが、そんなふんわりした理由で、今がつらい自分に我慢をさせないでくださいね。

自分の人生を好きに生きるのには、誰の許可もいらないのです。


もちろん100%、好きに生きるのが難しい人も多いです。

「子どもがいるから、そんな自由になんて無理です」

「貯金もぜんぜんないし、自分の生活の安定もあるから、そんな自分勝手には生きられません」

その気持ちも状況もわかります。好きに生きるってなかなか難しい部分もありますから。

でも、100%好きに生きるのは無理だったとしても、10%くらいなら好きに生きられると思えませんか？

「子どもがいてなかなか自由にはできないけど、夜30分だけ好きな本を読む時間をつくろう」

「お金に余裕はないけど、週1回だけはカフェで好きなコーヒーを飲もう」

というように「好きに生きる」時間をちょっぴりもてるといいですよね。

時には「逃げる」こと、「好きに生きる」ことも大切なんですよ。

ポイント

自分の心、自分の人生からは逃げない

助けを求めるのは弱いからじゃなく、
なんとかしようって意志があるから。
あきらめてないんです。
逆につよつよでしょ？

何かトラブルがあったとき、がんばろうとしすぎてしまうことがあります。

たとえば、仕事の納期が間に合わないとき、「自分がなんとかしなきゃ」「私ががんばらなきゃ」と自分を追いつめてしまったり。

コミュニケーションの行き違いから親戚ともめてしまったときに、「私が悪いのかも」「もっとこうすべきだったかも」と行動すればするほどこじれたり。

冷静に考えれば、助けを求めたほうがいいのに、自分で抱え込んでしまうのはなぜでしょう。

それは「助けを求める」のに慣れてないからかもしれません。

小さいころからがんばりやさんだった人は、とくに「助けを求める経験」が足りていません。

あるいは助けを求めて叱られたりした経験から「助けて」と言えなくなってしまった人もいるでしょう。

ひょっとしたら、「助けを求めるなんて恥ずかしい」「できない人、弱い人がやること」なんて思い込んでいませんか？

助けを求めるのは弱いからじゃなく、なんとかしようって意志があるから。
あきらめてないんです。逆につよつよでしょ？

だから「自分で抱え込んでしまっているかも」と感じる人は「助けを求める練習」をしてほしいなと思います。

自分でがんばるだけではどこかで限界があるものです。「がんばる練習」をするのは、しんどくなるだけだったりします。

「がんばる練習」よりずっと大切なのは、「助けを求める練習」です。

日々の生活の中で、「ちょっとだけ助けを求める」「ちょっとだけ誰かに頼る」を意識してやってみてください。

なんでもいいです。

「部長から頼まれた書類のコピー、手伝ってもらえませんか？」
「そのお店の予約、代わりにお願いできないかな」
「今、ちょっと体調が悪くて。明日まで待ってもらえると助かります」

「(SNSなどで) ◯◯に詳しい人っていますか? 教えてほしいです」

こんなふうに「ちょっと助けて」を言う練習をしてみてください。

意外と、「わかりました。一緒にやりましょう」「手伝いますよ」「全然、明日で大丈夫です」なんてことがあったりするんですよ。


慣れないうちは「助けて」と言うのは怖いかもしれません。

実際に言ってみたら断られたり、イヤな反応をされることもあるかもしれません。

でも、「助けて」って言わなかったら、どんな反応になるかもわからないですよね。

だから、つらいなーと思ったら「今、思いきって助けを求めるのもありかも?」と発想するクセをつけてほしいですね。

「助けて」と言うのは、全然恥ずかしいことじゃないんですよ。

ポイント

「助けて」と言う練習をしてみる

惰性《だせい》で生きたっていい。
がんばるだけが人生じゃない。

前にもお伝えしたように、本書は「変わったほうがいい」とおすすめする本ではありません。

変わっても、変わらなくてもいいです。
というより、どうか無理して変わろうとしすぎないでください。

もしも、「自分は変わらなきゃ、もうダメだ」みたいに思いつめてしまっているような人は、ちょっと落ち着いて。ベッドでもソファでも、ごろんと横になってみてもいいかもしれません。

がんばりがちで疲れてしまう人には、「ちゃんとできている自分」と「ぜんぜんできていない自分」の二択で考えていたりする人も多いんですよね。

でも、実際は、「がんばっている」「がんばっていない」の間には、果てしないグラデーションが広がっています。そんな単純に2つに分けられないものです。

それに「家でダラダラする自分なんて許せない」と思うかもしれませんが、人にはがんばれない時期だってあるんです。

バリバリがんばれる時期もあれば、しんどくてただただ一日をしのぐ時期もある。

そのタイミングは、人それぞれなんです。

しんどくなるのはあなたが弱いからじゃない。人として当たり前のこと。人生でそれぞれ時期が違うだけだから、安心して弱って、安心して休息してほしいな、なんて思います。

がんばっても報われない努力もありますし、努力しないほうがいいパターンだってありますしね。

あんまり自分に「がんばり」を求めすぎないであげてほしいのです。

残念だけど僕らは「普通の人」なんです。

何も完璧にはできないし、すべては手に入れられない。

完璧じゃない自分を受け入れてからが人生本番です。できないことも助けてもらうこともたくさんあるんです。

だって僕らはスーパーマンじゃないんだから。

僕はよく「人生の主役は自分だ」って言うんですけど、主役だからといってスーパーヒーローを目指さないでください。

弱くていいし、かっこ悪くていいし、がんばれなくていい。

時には惰性で生きる自分も認めてあげてください。

そんな自分を認めることで見える景色は変わります。

そこから変わっていけることもあると思います。

まずは、

「変わらなくても、生きていける」

「惰性で生きたっていい」

「がんばるだけが人生じゃない」

そんなことに気づいてほしいなと思います。

ポイント

自分に「がんばり」を求めすぎない

雑に扱われることに慣れないで。
あなたには大切に扱われる
価値と権利があります。

世の中には、ひどいことを言う人が少なからずいます。

「仕事のできない人間が残業するのは当たり前だろう。夜できないなら朝早くきて仕事しろ」などという上司。

「家のことをちゃんとするのは君の役目なんだから、いくら疲れているからって料理やそうじを手抜きしないで。きちんとやってくれないと」というパートナー。

人間は仕事だけをする生き物ではありません。夜はしっかり寝ないといけないし、食事をとり、人生を楽しむ時間も必要です。

家事なんてできるほうがやったらいいし、疲れてしんどいときまで、ちゃんとやる必要もありません。

けれども、ついつい真面目な人や、いい人ほど「仕事のできない自分が残業するのはしょうがないか」「要領よく、うまく家事をできない私が悪いから」なんて思ってしまったりします。

あるいは、「がんばって成長しないと」なんてますますがんばってしまったり。

真面目に生きれば生きるほど生きづらいって罠ありますよね、人生……。

でも、待ってください。

仕事ができてもできなくても、家事ができてもできなくても、あなたの体と心は大切に扱われる価値と権利があります。

仕事ができないからといって、上司に雑に扱われる筋合いはありません。疲れているときに家事を手抜きするくらいで、パートナーに責められるいわれもありません。

雑に扱われることに慣れると、ますます自分を無価値だと感じてしまいます。

まずは「自分が雑に扱われている」と気づくこと。

追い込まれ狭くなった視野を広げ、今の状態が間違いだと気づくこと。

それができれば、定時できちんと帰るなり、上司に訴えるなり、異動を願い出るなり、転職活動するなり、必要な対処法が見えるようになってきます。

パートナーに対しても、「それは違うんじゃないかな」と言えたり、「もっと手伝ってほしい」と言えたりします。あるいは、家事がラクになる電化製品を買ったり、話し合って適切な対処ができるようになります。

雑に扱われないためには、自分を安く見積もらないことも大事です。

安売りしていたり、雑に扱われているものって、人から大切にされないと思いませんか？

人間も同じようなところがあります。

まずはあなたが、あなたの価値をきちんと認めてあげて、大切にすること。

これができないと、相手からも大切にされなかったりします。

仕事だったら、「安易に引き受けない」とか、「しんどくなるほど残業しない」とか。

パートナーだったら、「言うべきときにはノーと言う」とか、「違和感があったら意見を言う」とか。

そういう「自分を大切にする行動」をしてみてください。

自分の価値を尊重する行動を重ねるうちに、「雑に扱われること」が減っていくのかなと思います。

ポイント

自分を安く見積もらない

「今の自分も好きだけど、
次はこういう自分も面白いかも」
そんなスタンスで「変わりたい」と
思えたらいいですよね。

たとえば、ブラックな職場でへとへとになって働いていて、まわりから見ても、本人すらも「休んだほうがいい」と思っているのに、なぜか休めない。

定期的に集まる友人グループは話が合わないし、ストレスだし、気が重いけれども、ずるずる付き合ってしまっている。パートナーに愚痴を言うと「そんな友人なら友人じゃないから離れたら」と言われるけど、なんとなく離れられない。

こんなことがあったりします。

「コンコルド効果」という言葉を知っていますか？

「コンコルド効果」とは、今までつぎ込んだものがムダにならないように、間違ったことであってもやめられずに続けてしまう状態になることです。

休んでしまうと、離れてしまうと、「これまでの我慢」とか「うまくやろうとした努力」などを否定することになってしまう。今までつぎ込んできたものがムダになってしまう。

だから、ずるずると続けてしまうわけです。

これと同じように「自分を変える」って多かれ少なかれ、これまで生きてきた自分の人生をある種、「否定することになる」という難しさがあります。

「変わりたい」と言いつつ、具体的に「こんな自分になりたい」という目標を掲げている人は実は少なかったりします。

「変わりたい」は、「このままの自分ではダメ」「もっとちゃんとしなきゃ」「もっとできるようにならないと」という気持ちの延長線上に蜃気楼《しんきろう》のように存在しているようなもので。

ただ、あやふやな感じで「今の自分ではダメな気がする」「こんな状況のままでいいの？」みたいに思っていたりします。

そしてその気持ちを「変わりたい」に変換してしまっているのです。

けれども、それって考え方によっては「これまでやってきたこと、今までの生き方を含めた、今の自分を否定すること」でもあるんです。

「変わりたい」という意識は「今の自分はダメ」というメッセージを自らに送ることにつながってしまうのです。

だから「変わりたい」といっても「今の自分の否定」につながるので、不安になったり、怖くなったり、「なんとなく変われない」となるのです。

「自分を変えたい」が今の自分を否定することになるなら、そして、「結局変われない自分はダメなんだ」と苦しむくらいなら……。

「自分を変えたい」という気持ちをいったん手放したっていいのです。

「変わらなきゃ。なのになんで自分は変われないんだろう」と悩んでしまうなら「なんとなく自分は変わりたいんだな」ということだけ頭の片隅に置いておいて、全然違うことをするのもアリだと思います。

そうすることで、自己を否定してしまう気持ちが薄れたら、人は自動的に変わるかもしれないし、世界の見え方が変わるかもしれません。

「今の自分がダメだから変わりたい」ではなくて、「今の自分も好きだけど、次はこういう自分も面白いかも」「こうなったら可能性が広がるかも」。そんなスタンスで「変わりたい」と思えたらいいですよね。

「変わりたい」気持ちにも、「こんな自分はダメだから」の否定からくるものと、「やっぱり私、もっと~になりたい」と素直に心から思えるものがあります。

自己否定なのか、そうでないのか。
それがわからないうちは、「私、変わりたいんだな」くらいの気持ちの受け止め方で、まずは自分をいたわったり、ケアするほうを優先してみてください。

「変わりたいのに変われない」と悩むくらいなら、今は向き合う時期ではないと考えてみてもいいんじゃないでしょうか。

ポイント

「変わりたい」気持ちをいったん手放してもいい

第2章

「他人」を気にしすぎない

世の中には、
正面から受け止めなくていい
言葉があります。

第1章では「変わらなきゃ」「このままじゃダメ」「できるようにならないと」と思うときは、だいたいつらいときや悩んでいるときというお話をしました。

この章は、つらさや悩みのもとになりがちな「他人とのかかわり」についてのお話です。しんどさや悩みの要因は、ついつい「他人の目」を気にしていたり、他人と比べてしまっていたりするから、ということも多いのではないでしょうか。

「それでいいの？」などと人から言われて傷ついたり、まわりの行動を見て「みんなできているのに、私はできてない」と悩んだり。

「他人を気にしすぎないこと」について、この章ではお話しできたらと思います。

たとえば、「机の上がけっこう汚いよね」「最近、太ったんじゃない？」とズケズケ言ってくる同僚がいたとします。

そのとおりだけど、そんなふうにストレートに言わなくても、とモヤモヤが止まらない……なんてことありますよね。

世の中には、正面から受け止めなくていい言葉があります。

これを知っているだけで少し自分の受けるダメージを減らせると思います。

世の中にいるすべての人が、気配りができるとはかぎりません。なかには相手の気持ちがわからない人もいるし、ひょっとしたら嫉妬で言っているかもしれない。別のことで機嫌が悪くて、八つ当たりで言いやすい人に言っているだけということだってあります。

そのうえ、「最近、太ったんじゃない？」と言ってくる人の言葉をストレートに受け止めてダイエットしたとしても、「その色の洋服、あんまり似合ってないね」「シミが増えたんじゃない？」なんて、さらなるネガティブな指摘をしてくることも十分ありえます。

こちらのできることは「真に受けないこと」です。

自分にとってイヤなことを言ってくる人やアドバイスで「よけいなお世話」をしてくる人は、そんなに深い意味で言ってないことも多いものです。

そんな言葉は深読みしてもどうせ空振り。最初からスルーでOKです。

少しイヤな言い方に聞こえるかもしれないですが「その人が自分にとって、どのくらい価値があるか」を考えてみるのもいいかもしれません。

目の前の人が、「昔からの大切な親友」なのか、あるいは「たまに話すくらいの同僚」なのか、「ママ友グループの一人」なのか。

そんなに大切でない人の言うことまで、いちいち気にしていたら大変です。

自分を変えなければいけないところだらけになってしまいます。

どうでもいい人から言われた言葉には「あぁ、見る目がないんですね」で完封しましょう。

「スルーなんて、そんな無視するようなことできない」みたいに思ってしまう人も時々いたりします。真面目でちゃんとした人だなって思います。

だったら、こんなふうに考えてみてはどうでしょうか。

「イヤなことを言ってくる人には、少しくらい悪い自分を出したっていい」って。ほんの少しだけ、ね。

ポイント

大切でない人の言うことまで気にしないでいい

好きでもない人にまで好かれようと
がんばってないですか？

「他人が気になってしまう」理由の一つに「人から嫌われたくない」というのがあります。

もちろん好きな人から好かれたらうれしいでしょう。

でも、好きでもない人にまで好かれようとがんばってしまってないですか?

いい人ほど、まわりにいる人全員に好かれようとがんばってしまいがちなところがあります。

それで、好きじゃない人に合わせて自分をつくろったり、無理して笑って見せたり、がんばってランチや飲み会に付き合ってみたり。

でも、そんな自分を好きになれますか?

好きじゃない人のために努力している自分って、なんだか好きになれないですよね。それを繰り返していくうちに、本格的に自分のことを嫌いになってしまうかもしれません。

だから「みんなに好かれなくていい」と心の底から理解しておくことは、けっこう重要なんじゃないかと思います。

もちろん、「みんなに好かれなくていい」に抵抗があるのもわかります。

小学校で「みんなと仲良くしなさい」と言われながら育ってきた人も多いでしょうから。でもね、あれは実は嘘なんです。

「平等に接する」とか「誰とでも仲良く」と学校で教えられてきたかもしれませんが、平等に接したり、全員と仲良くする必要って、本当はないんですよ。

いじめを受けた子に対して、「いじめた子とも仲良くしなきゃダメ」なんて強要できるでしょうか。無理ですよね。

それにそんなことしたら、その子がいちばん大切な「自分」と仲良くなれなくなってしまいます。

「みんなと仲良く」という嘘にとらわれないでくださいね。

大事なことは、「好きじゃない人とは距離を置く」「好きじゃない人にまで好かれようと努力しない」だったりします。

世の中には、好きでも嫌いでもない関係の人たちがたくさんいます。「好きでも嫌いでもない」くらいの距離感で付き合ってみてもいいのではないでしょうか。

また、グループの中で一人だけと距離をとるのが難しい場合もあると思います。

たとえば、ママ友グループの中で一人だけ苦手な人がいるとして、その人とだけ距離をとるのは至難《しなん》の業《わざ》だったりします。

そんなときは思いきって、グループからはずれるのも一つの手かもしれません。

新しい環境で新しい仲間が見つかることもあります。

あるいは、ママ友をつくらずに、一人でやれる趣味など何か新しいことをやれる可能性が生まれてくるかもしれません。

「環境を変えること」で変わることもあるものです。

ポイント

「みんなと仲良く」という嘘にとらわれない

「俺にかまわず行け！
お前は自分の人生に集中しろ！」
って言ってあげましょう。

「他人を気にしない」と気をつけていても、他人のほうから、ごちゃごちゃ言ってくることもありえます。

「人の人生に口出ししたい人」って意外に多いんですよね。

たとえば、「あとは結婚だけだね」「そろそろ子どもは？」などと、人の人生をいちいち決めつけて言ってくる人がいます。

「俺にかまわず行け！　お前は自分の人生に集中しろ！」って言ってあげましょう。

もちろん、心の中でOKです。

人の人生に口を出す人はたいがい暇です。自分の人生が充実している人は、人の人生につべこべ言ってきたりしません。

だから「暇なんだなー」って思っておけばいい。

他人はあなたのために生きていないし、あなたも他人のために生きる必要はない。

このことを腹落ちすると、だいぶ生きやすくなりますよ。

ただ、そうはいっても、気にせざるをえない場合もありますよね。

たとえば「結婚して2年たつし、そろそろ子どもは？」と言ってくるのがお姑さんだとしたら、「無神経な言葉だな」と思いつつも気にしてしまう人も多いでしょう。

こういうときは、こう考えてみてはどうでしょうか。

人間って6割水分なんで、なんかワーワー言われても「この人なんで水に向かってこんなに必死に言ってるんだろう」って。

そう思うとハートつよつよモードになれます。

人間は6割が水だと思うと、ちょっと気持ちがラクになってきませんか？

そもそも「そろそろ子ども（孫）は？」はお姑さんの勝手な「期待」です。

他人の期待は他人の持ち物。自分が背負う必要はありません。

ここの「他人の期待」の線引きが曖昧《あいまい》だと苦しくなったりします。お姑さんが期待しているからといって、自分がそれに応えなくたって全然いいんです。

とはいえ、ついつい「他人の期待に応えなきゃ」って思ってしまいがちですよね。

優しい人などは、「応えられない自分が悪い」と自分を責めてしまったりするかもしれません。他人からの期待って本当にやっかいなんです。

もしも、他人の期待に「応えなきゃ」と思ってしまったら、ちょっと俯瞰して「相手の期待」と「自分のしたいこと」を線引きするといいかもしれません。

たとえば、ママ友に「今度、子どもと家に遊びに行っていい?」と言われたら、「自分は本当に遊びに来てほしいかな?」と立ち止まって考えてみます。

「遊びたいけど、私の家はイヤだな」という気持ちが浮かんできたら、無理に応えなくてもいいのです。

「家に遊びに行きたい」はあくまでも相手の期待です。自分で背負う必要も、断ることに罪悪感をもつ必要もありません。

「遊びたいけど、あなたの家ではダメ?」などと提案したっていいわけです。

相手の期待に苦しくなったときは、立ち止まって考えるクセをつけたいですね。

ポイント

「期待に応えなきゃ」となったら、立ち止まって考えるクセをつける

たかがＳＮＳを
「たかがＳＮＳ」と思えなくなったら、
ネットから距離をとろう。

「他人とのかかわり」というときに、今の時代、気をつけたほうがいいのはSNSです。

「みんなSNSに反応しすぎ」と思ったりします。


「自分のポストにネガティブなコメントがついて凹んだ」

「勝手にグループLINEをつくられて通知が面倒」

「インスタのキラキラ女子にモヤモヤしてしまう」


こんなふうに、SNSで心がざわつくことって少なくないのではないでしょうか。

幸せそうな人と自分を比べてしまったり、ネガティブな言葉に心が傷ついたり、自分でも気づかないうちにじわじわとダメージを受けてしまったりします。


でもね、幸せをわざわざアピールするのは満たされてない人です。

他人の幸せを数えて妬むより、自分の幸せを数えましょう。


ネガティブな言葉がしんどくなったら、しばらく距離をとってもいい。「SNSを見るのは1日◯分以内」と決めるなど、できるだけ減らしてみてください。

たかがSNSを、「たかがSNS」と感じられなくなったときは、ネットから距離をとったほうがいいタイミングです。

たかがSNSです。だって、スマホの電源を落としたらそこでおしまいですからね。それなのに、けっこうダメージを受けてしまう人も多かったりします。

それと「SNSは自分の全部を見せている場所じゃない」という感覚も大事です。SNSのあなたは、あなたそのものではありません。一部の文章、一部の写真だけが公開されているSNSを見て、あなたのことを理解できるわけがないんです。

こう思えないとしたら、人生においてSNSの比重が高すぎるかもしれません。

そんなときは、リアルの世界を増やすのも手です。友人と会う機会や仕事の飲み会、なんでもいいですがリアルの世界でつながる機会を増やすことです。

リアルでのつながりが増えれば、SNSの比重が減ってきて、そんなに気にならなくなるかもしれません。

そして、SNS上の悪口や批判には最も注意してください。

たとえば、ＳＮＳに書いた言葉に突然批判的な言葉が返ってくるとびっくりして反論したくなるかもしれませんが、リアクションしないのがいちばんです。「反論しなきゃ」などと思わなくていいです。

僕自身の話をすれば、４年もＸ（旧Ｔｗｉｔｔｅｒ）をやっているので、炎上したこともあれば、炎上した人を何度も見てきました。そこから言えるのは、「数日放置しておけばほとんどの炎上は収まる」ということです。

ネット上では次から次に新しい話題が提供されます。「誰でも15分は世界的な有名人になれる」という言葉がありますが、逆を返せば世界が自分に注目してくれるのはその程度ということ。良くも悪くも他人はそんなにあなたに興味をもっていません。

傷つけようとしてくる人には、傷ついてないふりを。
悪口を言ってくる人にはスルーでＯＫです。

ポイント

ＳＮＳに疲れたら、リアルのつながりを増やそう

「自分がそう受けとっているだけ」

ということもあるかもよ。

何気ないＳＮＳのコメントを読んだり、一枚の写真を見ただけで、なんとなくイヤな感じがしたり、胸がキュッとなることがあるという人がいます。

・楽しそうに働いているポストを見たり、やりがいのある仕事について語っているポストを見ると落ち込んでしまう
・高級ランチやおしゃれなごはんがあふれたインスタを見てイラッとする
・幸せそうな家族写真や家族のエピソードの投稿にモヤモヤする

こんなふうに、別に相手から直接幸せアピールをされていないのに、アピールされているような気がする場合は注意が必要です。

「自分がそう受けとっているだけ」ということもあるからです。

これには、「スキーマ」がかかわっています。

スキーマとは、考え方や受けとり方にかかわる自分の心のクセのようなものです。

「自分自身や世界を根底のところでどう思っているか」みたいな潜在的な考え方のようなものともいえます。

スキーマには「自分は誰からも愛されない」といった自身に関するものだけでなく「世の中は汚い」のように世界に関するとらえ方などもあります。

人は、この「自分独自のスキーマ」を通して、出来事や事実をジャッジしたり、感情を抱いたりするのです。

同じSNSの投稿を見たとしても、人それぞれのスキーマを通して見たり感じたりするので、人によっては「楽しそう」と感じたり、「幸せを見せつけられている」と感じたりします。

つまり、「自分は誰からも愛されない」というスキーマがあると、家族写真のポストを見て、瞬時に「イヤな気持ち」を抱いてしまったりするのです。

SNSで「幸せそうな投稿」をした人は、不特定の人に向けて「幸せそうな家族写真をアップしただけ」です。

誰か一人に向けて「幸せを見せつけている」わけではなかったりします。

ただ、それをわかっていても気持ちをかき乱されるのだとしたら――。

「ネガティブなスキーマが強くなっているのかもしれないな」と、ちょっと疑ってみるのもいいかもしれません。

スキーマには、「自分は誰からも愛されない」というようなネガティブなスキーマもあれば、「世界は優しい」といったようなポジティブなスキーマもあり、基本的にはどちらもみんなもっています。

ただ、しんどいときなどにはネガティブなものが前に出てきやすくなります。

必要以上に、「私はダメな人間だ」「自分は誰からも愛されない」などと自分のことをネガティブに思うスキーマがあると、たわいもない普通のＳＮＳ投稿を見ても、苦しく、しんどく感じることがあったりするのです。

「何気ない投稿を見ただけなのにしんどくなったかも」と思ったら、「私を苦しくしているのは、私のスキーマじゃないかな」と考えてみることも大切だったりします。

ポイント

ネガティブなスキーマが前に出てきてない？

同じものを見ているようで、
見えているものは一人ひとり違う。

たとえば、友だちとのグループLINEの返事が翌日になってもこない場合、あなたはどう思いますか？

1「LINEはすぐ返すべき」とムカつく
2「あれ私、嫌われてる？」と不安になる
3「忙しいのかな」と何も気にならない

いろんなパターンがありますよね。こんなふうに、同じ出来事があったとしても「どう受けとるか」「どう感じるか」は人によって違います。

同じものを見ているようで、見えているものは一人ひとり違うのです。

では、なぜ見え方が違ってしまうのでしょうか？

前項で「スキーマ」のお話をしました。

自分の考えや受けとり方、感情に影響を与えるものの見方のクセのようなものです。

冒頭のケースで、とっさに「嫌われてる？」と頭に浮かんでしまいがちな人は、実は根底に「私は愛されない人間」というスキーマがあったりします。

つまり「私は愛されない人間」というスキーマがあると、単なる「LINEがこない」という出来事を、「私は嫌われている」と自動的に結びつけて考えやすくなるのです。

歪んだフィルターを通して目の前の出来事を見てしまうような感じです。

「私は愛されない人間」というフィルターを通して、「LINEがこない」という出来事をジャッジする。だから「嫌われている」と自動的に結びつけてしまう。

スキーマは「自動思考」に影響を及ぼします。

「自動思考」とは、心理療法などでよく出てくる考え方なのですが、「何か出来事があったときにとっさに浮かぶ考えやイメージ」のことを言います。

スキーマがよくないほうに偏っていると、目の前の出来事を悪いほうに自動的に判断したり、受けとったりするのです。その結果、マイナスの感情をもってしまう。

たとえば、次のような感じです。

・目の前で上司が「困ったなぁ」と言った　→「私が責められている」
・友人をランチに誘ったら断られた　→「嫌われた」
・後輩が遅刻してきた　→「私のことを軽んじている」

「出来事」を勝手にマイナスの方向に自動変換して、「マイナスの感情」をもってしまっています。

だから、とっさにマイナスの感情が浮かんできてしまうようなときは、ちょっと気をつけたほうがいいかもしれません。

後ろ向き・ネガティブなスキーマが優勢になっていて勝手にマイナスに自動変換している可能性があるからです。

そんなときは、「私、勝手に自動変換してないかな」と問いかけてみてください。

ポイント

勝手に自動変換に気をつける

「普通」かどうかなんて、
ただの多数決だったりします。

「自分は普通じゃないかも」とか「常識はずれなんじゃないか」と悩む人は、少なくありません。

「あなたって普通じゃないよね」などと言われて、すごく傷ついた経験のある人もいるかもしれませんね。


でもね、「普通」かどうかなんて、ただの多数決だったりします。


そもそも「普通」って地域だったり、組織だったり、時代だったりで変わってくるものなんです。

たかだか30年くらい前なら「女性は結婚したら仕事をやめる」のが普通と信じて疑わない人がいたり、どこでもタバコが吸えるのが常識だったんですから。

あるいは、強い人の言う意見だったりで、「普通」や「常識」ががらっと変わってきてしまうこともあります。

職場で上司からきつく「こんなの常識です」と言われたり、近所の気の強い人から「普通そんなことしないわよ」なんて言われたら、それだけで凹んでしまうなんてこともあるでしょう。

「普通」や「常識」って、けっこう曖昧で変わりやすいものなんですよ。

勝手な自分ルールを「普通」「常識」って呼んでることも少なくありません。

育った家庭のルールや親に言われたことを信じていたりします。

学校で教わったことを「正しい」と思っていたりします。

先ほどお話しした「みんなと仲良く」なんていうのも、その一つですよね。仲良くなれる人もいれば、なれない人もいる。だから「みんなと仲良くすべき」というのは、嘘だったりします。

あるいは、親から「ちゃんとした職業につかないと」などという言葉をずっと信じて、「ちゃんとした仕事につかない人は普通じゃない」なんて思い込んでいたり。

でも、「ちゃんとした仕事」っていったい何なのでしょうか。

そもそも、「普通」とか「常識」とか「ちゃんと」という言葉を使うときって、けっこう「自分の意見に従え」と思っているだけだったりすることも少なくないんですよね。

たとえば、こういうときです。

「送別会に参加するのは常識でしょ？」

「普通、忙しいときには休まないよ」

「40代でその服装はどうかな。もっとちゃんとしないと」

だけど、これって狭い世界の話ですよね。

そこがニューヨークだったら、アゼルバイジャンだったら、パプアニューギニアだったらどうでしょう？

そこまで広げなくても、日本の中でも住んでいる地域や働いている会社によって変わってきそうですよね。

ポイント

普通・常識の罠にはまらない

相手の行動の意味を
いちいち考えてもムダ。
だってこの世には
意味のない行動、めっちゃあります。

「他人を気にしないでいい」と言ってきましたが、「誰かに認められたい」と思う人もいるでしょう。

もちろん「誰かに認められたい」と思うこと自体は悪いことではありません。

・上司に認められたくて、仕事をがんばった
・夫に認められたくて、料理をがんばった
・フォロワーに応援されたいから、毎日の発信をがんばった

こんなふうに「認められたい」をモチベーションに変えられるなら、それはそれで素敵なことです。

ただ、誰かに「認められること」を「ゴール」「目標」にするのは危険かもしれません。

なぜなら、「みんな適当に褒めている」ということもあるからです。そんなに深い意味はなかったり、ころころ気分が変わったりするものです。

「いい仕事してるね」と言ってくれた上司が、機嫌が悪くなると「こんな簡単な仕事もできないのか」と言ってきたり、一時期、すっごく褒めてくれるコメントをしてきた人が、突然反応がなくなったり。他人の行動なんて謎だらけです。

相手の行動の意味をいちいち考えてもムダだったりします。
だってこの世には意味のない行動ってめっちゃありますから。

それに自分自身が相手の言動を勝手に意味づけしてカン違いすることもあったりします。

たとえば相手の言動の意味をいちいち考えてしまう人です。

「目を見て話してくれてるから、私のことを気に入ってるかも」とか「LINEの返事が遅いから、嫌われてるかも」などというように。

でも、これって本当にそうでしょうか？

目を見て話すのは「人と話すときは目を見て話しなさい」と教育されたからかもしれません。LINEの返事が遅いのは仕事の納期が近くて忙しかったからかもしれません。

人にはそれぞれ事情がありますし、その時々で抱く感情も違います。
それなのに相手の言動に変な意味づけをして勝手な解釈をしてしまうと、相手にふりまわされることになってしまいます。
「認められること」は相手の気分しだいだったり、自分自身の勝手な解釈で間違ったりします。だから「ゴール」「目標」にするのはリスキーだと思います。

誰かに認められないといけないと思っている人が多いけど、別に誰にも認められなくても全然生きる権利あるんですよ。

もちろん「認められること」を目指したい人は、目指してもいいと思います。でも、「認められないとダメ」ってことはないんですよ。

ポイント

認められることを「ゴール」にしない

そうしたいと思った「自分の気持ち」に
ちゃんと向き合ってみる。

「他人の目」が気になってやりたいことができないってこと、ありますよね。

・さみしい人だと思われたくなくて、一人でラーメン店に行けない
・本当は休みたいけど、忙しい時期だし、職場のみんなの目が気になって休めない
・「それって違うんじゃないかな」と思っても、「気の強い人」とか「怖い人」「空気が読めない人」と思われそうで言えない
・着たい服があるけどまわりから変だと思われそうで着れない

たしかに、「他人の目」って気になりますよね。変な人だと思われたらつらいですし、仲間はずれになったら悲しいですよね。

でもね、あなたの価値がわからない相手に、わざわざ価値を教えてあげるほどお人好しになることはないんじゃないでしょうか。

少なくとも、身近な人や大切にしたい人にだけわかってもらえればいいわけで、わざわざ遠くの人に向かって「私ってこんなにちゃんとしてるんです」「こんなにがんばってるんです」なんて教えてあげなくてもいいのではないでしょうか。

とはいえ、「どうしても他人の目が気になっちゃいます」という人もいるでしょう。たしかに、何十年も「他人の目」を気にして生きてきて、「はい！　今日からまわりなんて気にしないで自由に生きてください」と言われても、「え……」ってなる気持ちもわかります。

そういうときは、他人に目を向けるのではなく、自分に目を向けてみてはどうでしょうか。

・「さみしい人だと思われたくない」という気持ちより「ラーメン店に行きたいかどうか」を自分にきいてみる
・「職場の人の目」よりも、「自分が本当に休みたいかどうか」を考えてみる
・自分がどういう人に見られるかよりも、「違うんじゃないかな」と思った自分の気持ちをもっと掘り下げてみる
・「まわりから変だと思われる」を気にするより、「この服を着ている自分が好きかどうか」を想像してみる

といったようなことです。

実際に行動するかどうかは置いておいて、そうしたいと思った「自分の気持ち」にちゃんと向き合ってみるのです。

「自分の気持ち」を大切にしてあげるのです。

そもそも、「さみしい人って思われるかどうかわからないし、自分は街中華でラーメンを食べたい!!」と気づいたら、ラーメン店に行ってみたらいいのです。

そんなふうに「自分の本当の気持ち」に目を向けていきたいですね。

ポイント

自分の気持ちを大切にしてあげる

第3章

「人間関係」をちょっと変えてみる

人間関係は「距離をとって解決」
というパターンもあります。

「変わらなきゃ」「このままじゃダメ」などと思って今の自分を否定しているときは、人間関係に悩んでいる人も多いでしょう。

人間関係の悩みを紐といて少しラクになると、「あれ、私、変わる必要ないかも」なんてこともあったりします。案外、「今の自分」「そのままの自分」を受け入れられるようになるのです。

なので「自分を変える努力」をするより「人間関係」を見直すのも一つの手だったりします。

この章では、そんな「人間関係」にスポットライトを当てていきたいと思います。

最初に確認しておきたいことがあります。

それは、「相手を変えるのってそうとう難しい。できないと思ったほうがいい」ってことです。

だから、あくまでも変えられるのは「自分」です。

でも、「自分を変える」って難しいと思いませんか？

そしてあなたが「自分を変えるのが難しい」のと同じように、他人だって、「自分を変えるのは難しい」ものなんです。

いろんなことを学んで、言葉をつくして、誠意をもって丁寧にコミュニケーションをたくさんとったりすれば、もしかしたら他人が変わることもあるかもしれませんが。

自分を変えるのは難しい。他人を変えるのはもっと難しい。

ただ、自分側から「人間関係」を変えることはできます。

たとえば、**「コミュニケーションのとり方を変える」**方法があります。

大人が子どもに「上手だね～、これもやってみようか」と「誘導」することがありますよね。「これをやりなさい！」だと無理でも、うまく「誘導」することで聞いてもらえることがあります。

このように相手の受けとりやすい言葉、タイミング、態度などを知っておくと、人間関係がスッと変わったりすることがありえます。

あるいは、**「人との距離感を変える」**方法もあります。

「怖いママ友とも仲良くしなきゃと思っていたけど、離れたら心がラクになった」
「パワハラ上司の下で我慢していたけど、希望して異動できたら仕事にやる気が出るようになった」
というように人間関係は「距離をとって解決」というパターンもあります。

こう考えていくと「相手を変えることはできないけど、人間関係を変える方法はいろいろありそう」と思いませんか？

人間関係の悩みって、意外と人生へのダメージが大きいです。
少しでもラクになれたらいいですよね。

ポイント

コミュニケーションや人との距離を変えてみる

足を引っ張ってくる人を気にするより、
手を引っ張ってくれる人と
仲良く生きていきましょうよ。

人間生きていると、どうしても「イヤな人」「苦手な人」って現れたりします。

「なんであの人、あんなにイヤなやつなんだろう」

「あの人と付き合うのは本当にしんどい。変わってくれないかな」

と思うかもしれません。

でもね、それってすごくムダなことだったりします。

どうか「他人を変えるのってそうとう難しい」「他人はあなたのために変わらない」という前提を知っておき、反芻《はんすう》してみてください。

じゃないと「どうしたら変わってくれるんだろう」「どうやったらわかってもらえるんだろう」なんてずっと考えてしまいますから。

自分にとっては、あきらかに「間違ってる！」と思う人であっても、相手を変えることはなかなかできないものです。

それにどんな人であっても、人には「間違う権利」もありますしね。

人間関係がしんどいとき、それを解消するための手段として、「人との距離を上手にとっていく」のもアリです。

イヤな人がいたら距離をとること。

イヤな人に嫌われたら、むしろラッキーくらいに思うこと。

足を引っ張ってくる人を気にするより、手を引っ張ってくれる人と仲良く生きていきましょうよ。


人って付き合う相手によって、全然変わりますから。

ポジティブな人と付き合っていれば明るい気持ちになりますし、ネガティブな人と付き合っていれば、しんどい気持ちになったりします。

高圧的な人と付き合っていたら萎縮してしまうかもしれませんし、気弱な人と付き合ったら、わがままになるかもしれません。

自分のキャラクターって、まわりの人との関係性でできあがっていたりするんですよね。あなたの輪郭はまわりの人によってつくられています。

もしも今、つらかったり苦しかったりするなら、そのストレスの元となる人と離れてしまえたらいいですよね。

もちろん、「そんな簡単に離れられない」と思う人もいるでしょう。

でも、考えてみてください。中学時代、「ここがすべて」「ここから離れたら一生影響する」なんて思っていた人間関係があったとして、まだ大きく影響していますか？

大人になった今となっては、関係ないことがほとんどです。

つまり、「ここがすべて」と感じているときって、多くは「視野が狭くなっている」か「間違ったルールに縛られている」ときだったりするのです。

イヤな人のことばかり考えてると、死ぬときの走馬灯、イヤな人メドレーみたいになっちゃいますよ。

イヤな人、苦手な人とは、距離をとってみる。

大切なことだと思います。

ポイント

他人は変えられないけど、距離をとることはできる

相手が怒っているのは「相手のせい」。
「自分のせい」と思う必要はないんですよ。

いつもピリピリしていたり、他人の前で平気で不機嫌になる人っています。怒りっぽい性格だとか、メンタルの調子が悪いなどのいろんな事情があると思いますが、「不機嫌さで他人をコントロールしようとする人」も多いです。

たとえば、左は典型的な例ですよね。

・言いたいことを言わず、扉をバンッと閉めて不機嫌アピールをする夫
・会議の報告中にため息をついたり、イライラを隠さない上司
・誘いを断ったら、公園で会っても無視してくるママ友

夫が扉をバンッと閉めて「俺は怒ってるんだぞ」とアピールした場合、妻が気弱な人なら機嫌をとってくれるかもしれません。

しかし、それが夫にとっての成功体験になって、ますます「イヤなことがあったら、怒りをアピールすればいいか」となっていきがちです。

仕事の出来や成果に不満のある上司も「このくらいイライラした態度をとれば、部下もあせって仕事するだろう」と思っているかもしれません。

無視するママ友も「私の要求に応えられないとこうなるってことを思い知らせたい」なんて気持ちがあったりします。

これらの態度は「不機嫌さを表に出すことで他人をコントロールしようとしている」といえます。

やられたほうはたまったものではないですよね。

けれども人によっては、「相手が不機嫌なのは自分が悪いのでは?」と自己への否定感が強まって、よけいに苦しくなってしまうこともあります。

でもね、大切なことを言いますよ。

相手が怒っているのは「相手のせい」です。

あなたが何をしようと、それに対して「怒る」と決めたのは相手の責任です。相手の怒りに気をつかい、コントロールされる必要はありません。

そうはいっても、気になってしまう人もいますよね。

目の前の人が怒っていたら、「自分のせいかも」と思ってしまう人。

そんな人は「本当に自分のせいかな?」と立ち止まって考えてみることも必要だと

思います。

相手の感情は「相手のもの」です。

レストランでオーダーミスがあっても、怒る人もいれば、ちょっとイラッときただけですぐ流す人、気にしない人もいるものです。

売上が落ちたとき、「部下が悪い」とイライラする人もいれば、「原因はなんだろう」と分析する人もいれば、「なんとかなるだろう」と気にしない人もいます。

相手が怒るかどうかは、結局、「相手の領域」といえるのです。

相手の感情まで「自分のせいだ」と思うのは、ひょっとしたらちょっと「相手の領域」に立ち入りすぎているかもしれません。

怒ったり、不機嫌だったり、落ち込んでいたり、という目の前の相手の感情に、「自分が関係している」とあまり思いすぎないことも大切です。

ポイント

「相手の領域」に立ち入りすぎない

相手を「猫」と思って
心理的な距離をとってみる。

小さい子って、気に食わないことがあると、だだをこねたりして他人を動かそうとするところがあります。子どもなら「かわいいな」と思えたり、「しょうがない」と流して終わったりしますが、大人の場合はなかなかそうは思えないですよね。

そのうえ、大人の中には「不満や怒りをぶつけることで、相手を思いどおりに動かす」、そんなふうに人間関係の武器として「不満や怒り」を使う人もいたりします。

本人は「怒りで相手を思いどおりに動かそう」なんて意識しているわけではないかもしれません。

でも、自分の「怒り」で相手を動かした成功体験もある。相手を動かすには「怒る」が手っとり早くて効果的だ。そんなことをこれまでの経験から学んで人間関係にもち込む人だったりするのでしょう。

一緒にいるとかなりやっかいな人といえます。

そんな人とは離れたほうがいい。
他人に強い感情をぶつけるというのは立派な暴力だからです。

近所や友人の中にいたら、そっと距離をとって「なるべくかかわらない」というスタンスをとるのがいいかもしれません。

けれども職場にそういう人がいて、上司や同じチームのメンバーなど避けられない関係だとしたら、「なるべくかかわらない」というわけにもいかないでしょう。

そんなときは、「心理的に距離をとってみる」のがおすすめです。

まずは、前項のように、「相手の感情」は相手のものだと線引きすることが大事です。相手の感情は、「相手の領域」といえます。

目の前の人の「怒り」は、相手の問題であって、「あなたのせい」ではありません。その人は、その人の理由があって勝手に怒っている。それくらいの線引きで考えてみるのです。

そのうえで、「心理的に距離をとる」のです。

たとえばですが、かかわらなければいけない相手が上司だとしたら、上司を「人」と思うのではなく、「猫」と思ってみるというやり方があります。

「なんかシャーシャー言ってるけど、お腹が減ったのかな?」

「うなってるけど、しばらくほうっておけば寝だすかも」

というように上司を心の中で見てみるのです。

目の前の怒ってくる上司にこういう見方ができれば、まあまあ「心理的な距離」をつくれるのではないでしょうか。

そうやって心理的に距離をとったうえで、少し落ち着いた気持ちで相手に接することができれば、相手との関係も少しは変わっていくこともあると思います。

「自分のせい」だと思うのをやめて、そっと距離をとってみる。それが難しいなら、心理的な距離をとってみる。

そんなやり方もあると覚えておいてほしいなと思います。

ポイント

「自分のせい」と思うのをやめて、そっと距離をとる

「伝える」って大事です。

「自分の気持ちを大切にしている」

ということになるんですよ。

前項に書いたような「怒りで相手を思いどおりに動かそう」とする人に対して、自分がイヤな思いをしているとします。

距離を少しとってみてしんどさが減ってきたら、あらためて「伝えてみる」のもいいかもしれません。

「伝える」って大事です。

もちろん、どうでもいい人、自分にとってそんなに重要でない人に、無理をして、勇気をもって「伝える」ことはないですよ。

でも、重要な人だったり、わかってもらえるとうれしい人だったら、伝えてみることも一つではないでしょうか。

不機嫌な態度をされるのがイヤだということを伝えてみたら、「え？　私、不機嫌だった？」と自分の行動にまったく無自覚だった、なんてこともあります。

もちろん、よけい不機嫌になられる可能性もありますが、結果はどうあれ「自分が伝えた」ということは、大きな前進だと思います。

努力が必ず実るわけではないけど、自分の気持ちは伝えたほうがいいです。

それは「自分の気持ちを大切にしている」ということになりますから。

もちろん、気持ちを伝えればなんでもOKというわけではなくて、言葉は選んだほうがいいでしょう。わかってもらいやすいコツを一つお伝えします。

主語を「私は」にして話してみることです。

たとえば、不機嫌で妻をコントロールしようとする夫がいたとします。

「あなたが不機嫌だからいけないのよ」と「あなた」を主語に妻が話すとどうでしょう。

「あなたが〜いけないのよ！」だけが夫の頭に入ってきがちです。

すると夫は「責められてる」「言い返さなきゃ」「お前だって！」と感じて反撃してきそうですよね。

「あなたは〜」というのは、相手のことを「いい」「悪い」とジャッジしているような言葉なので「攻撃されてる！」と受けとられやすいのです。

実際のところ、相手には相手の考えや事情があったりします。それをわからない人から勝手にジャッジされると腹が立ったりするのも無理はないともいえます。

一方で、「私は」が主語の場合はどうでしょうか。

「私はあのとき怖くて悲しかった」

「私は自分が悪いのかと思ってつらくなった」

これだと、「私」が感じたことを素直に伝えただけで夫をジャッジしていません。あくまでも「私」の話なので、夫も攻撃されていると思いにくいのです。

真実を伝えられた夫のほうも「攻撃への対処」によけいな労力を使わなくていいため、相手の言葉に耳を傾けやすいと思います。


ただ、話したからといって必ずわかり合えるとは思わないことも大切です。

だって、お互い違う常識をもって生まれてきた、まったく別の人間なんですから。

完全に100%わかり合うことなんてできないんです。

でも、「全部わかり合う」という「0か100か」の思考を手放して、「ココとココはわかってもらえたけど、あとはわかってくれなかったなぁ。でもまぁわかってくれた部分もあったから、まあいっか」という感覚が大事だったりします。

ポイント

「私は」を主語にして気持ちを伝える

他人はあなたのために生きてないから、
思いどおりにならなくてもしょうがない。

そもそも、対人トラブルの多くはお互いが、
「相手はあなたのために生きてないから、あなたの思いどおりにはならない」
という当たり前のことをちゃんと理解できてないせいで起こるんじゃないかなと僕は思ったりします。

冷たい言い方かもしれませんが、これがわかっているとムダに落ち込む時間が減ります。

他人を責めたり、うらんだりしたくなったら、「他人は自分のために生きてないからしょうがない」という言葉をつけると腑に落ちるかもしれません。

・子どもが私の希望する学校に入らない！
(他人は自分のために生きてないからしょうがない)
・仕事の提案を受け入れてもらえない！
(他人は自分のために生きてないからしょうがない)

どうですか。「まぁ、しかたないか」という気持ちが少しずつ出てきませんか？

このように「あきらめ」の気持ちを時にはうまく利用するのです。

逆に、相手のほうが「他人はあなたのために生きてない」を理解してないパターンもありますよね。

たとえば、いつも「いらないもの」を渡して感謝を強要するお姑さん。

本人はモノをあげるんだから感謝されて当然だと思っている。でも、もらった側としては、センスの合わない服や家族の誰もが食べないおかず、いらない景品などを渡されて、感謝を求められるのもしんどい状況だったりします。

そんなとき「お義母さん、私、あなたのために生きてるわけじゃないんで、思いどおりにできると思わないでください！」とは、言えませんよね。

言えるかもしれませんが、面倒な展開になる可能性大です。

だったら、やんわり断ったほうがいい。

「断捨離中だからモノを増やしたくなくて」というように。

それでも渡されたら、いったん受けとるだけ受けとって無理に使ったり食べたりしなくたっていいのです。

「あげたい」という お姑さんの気持ちは受けとって、モノは手放す。

相手の行動は変えられない。自分の行動を変えていく。

そんなふうに分けて考えることが有効です。

気持ちは受けとっているんだから、罪悪感はもたなくてもいいのではないでしょうか。

「相手からしてもらったことに全部応えなきゃ」となると、「他人のために生きている自分」「他人の思いどおりになっている自分」になってしまいます。

相手にはしたいことをさせておく。
自分は相手のために生きなくていい。

というバランスが大事ですよね。

ポイント

気持ちだけ受けとっておく

「誰のためならがんばれるか」を
ちゃんと考えておく。

「自分を搾取させない生き方」は大切です。

いい人で真面目な人って、ついつい他人から「搾取されてしまう」ような人間関係になってしまうこともあったりします。

- 明日も仕事なのに、相談の電話がかかってきて夜遅くまで話を聞いてしまう
- 困っている身内に10万円を貸したけど、なかなか返ってこない
- 自分ばかりに仕事が集中してしまう。仕事量が多くてつらい
- 仕事も子育てもあるのに、義父母の介護もお願い、といわれてしんどい

こういうときに大事なのは、「自分は自分のために生きていい」という感覚です。

誰かに搾取されないよう、繰り返し自分に言い聞かせてください。


ただ、もう一方で考えたいのは、逆に「期待に応えたい人」の存在です。

すべての人の期待に応えないのは、それはそれでさみしいですよね。

「この人の期待には応えたい」「この人のためなら、ある程度自分が我慢してもいい」

という人っていますよね。
「パートナーや子どものためならがんばりたい」「尊敬する上司の期待には応えたい」といったことです。

大切なのは、「誰のためならがんばれるか」をちゃんと考えておくことだと思います。

そこを考えておくと、流されて搾取されて苦しくなってしまうのを避けられるようになるのではないでしょうか。

「自分が与えたい人」と「与えちゃダメな人」を線引きするのって、けっこう重要だったりします。

そして、これは、「人」じゃなくて「行動」でも考えることが大切です。

・夜22時までなら、相談の電話を受ける
・お金は貸さないけれど、本当に困っているなら1万円までならあげる
・残業は2時間以内、それ以上が続いたら上司に相談する
・義父母の介護は週2回までにする

こんなふうに、「自分はここまでならやれる」というマイルールをつくってもいいですよね。

マイルールがあると、少し「コントロール感」がもてます。

「コントロールできる」と思うとふっと心がラクになりませんか。

これってけっこう大事なポイントです。

「搾取」ってそもそも自分が気づかずに、自分がもっているものを奪われていくことだったりします。

けれども自分が好きでしていることだったら、単に「やってあげたい人にやってあげてる」だけになると思うのです。

「与えたい人」に自分ができる範囲、好きな範囲で与えるだけでいい。

そんな線引きが心を穏やかにしてくれるのではないでしょうか。

ポイント

マイルールをつくっておく

「優しい嘘」ならついていい。
言わなくていいことは言わない。

「嘘をつく」ことを悪いことだと思っていませんか。

でも、「嘘」って、そもそも違う特性をもつ人間同士がうまくいくための潤滑油の一面もあったりします。

相手の勝手な期待や干渉に対して応えてあげる必要はない。かといって、あえてはっきり否定して、関係をギクシャクさせる必要もない。

そのために、嘘も立派なコミュニケーションだと思います。

たとえば、あなたが上司から「後輩の◯◯さんが、大きなミスをしていたよ。こんな初歩的なミス、ありえない。気をつけてと強く言っておいてね」などと言われたとします。

とはいえそのミスは、あなたからしたら小さいミスです。その上司は、ちょっと仕事がうまくいってなくて機嫌が悪く、後輩に当たっているような状況です。

さて、上司の言うとおりにそのまま強く伝えるでしょうか。

やんわりと、「間違えていたみたいだから、次から気をつけたほうがいいかも」くらいの注意ですます人も多いのではないでしょうか。

そうした行動を「そんなの嘘をついてる」という人は、ちょっと「嘘」について勉強しなおしたほうがいいかもしれません。


一方で、次のような発言をそのままストレートに伝えてくる人についてはどう思うでしょうか。

「そういえば、昨日、◯◯さんがあなたのこと、気が利かない人って私に言ってきたのよ。私はそんなこと思わないけど。ひどいわよね〜」

こういう人の「言わなくてもいいのに、わざわざ言ってくる話」ってあったりします。

僕は、他人が言っていたネガティブな情報をわざわざ伝えてくる人のことを「ケンカの仲人《なこうど》」って呼んだりします。

本人は「Aさんが言ってたことを、Bさんに教えてあげよう」という親切心のこともあるかもしれませんが、実際にやっていることは「AさんとBさんを戦わせている」だけです。

こうとらえると「ケンカの仲人」ではないでしょうか。

ネガティブ情報をそのままストレートに言う必要はないものです。

「言わない」「黙っている」という選択肢もあるはずです。

陰口を言われたことのない人なんて、多分いません。ディープな悪口か単なるいじりか、度合いはあるでしょうが、誰かからは絶対言われたことはあります。

だから、それをわざわざ本人に伝える必要はないと思うのです。

知らないほうがいいこと、幸せなことってあるものです。

「優しい嘘をつく」「黙っている」も、大事なコミュニケーションの方法だったりするんですよね。

ポイント

「ケンカの仲人」には気をつける

迷ったら
「そんな自分を許せるか」
で判断する。

「人を許す」って難しいですよね。

・取引先とのトラブルを、上司が自分のせいにしてきた
・義母から嫌味を言われたときに夫がかばってくれなかった
・職場のボス的な存在の女性が職場で自分をいじめてくる

腹が立ったり、悲しくなったり、思い出すたびに苦しくなったりします。相手を「許せない」と思ってしまいますよね。

でも、「許せない」ままだと、つらい気持ちを引きずってしまいがちです。

こんなときは、「相手を許せるか」にこだわらず「相手を許した自分を許せるか」で考えてみるといいかもしれません。

相手とはもう会わないかもだけど、自分とは一生の付き合いですから。

一方で、許せない気持ちもあるものの、「私が我慢すればいい」「私なんて何も言う資格ない」などと、自分のことは二の次、三の次になりがちな人もいます。

そういう人は、少し自分を大事にできていないのかもしれません。

もっと自分を大事にするために、「相手を許せないままの自分を許せるか」という視点ももってみてください。

上司や夫、いじめてきた人を「許せないままの自分」に対し、「大人げない」「私がダメだ」と否定するのではなく、「そんな自分でもいい」と肯定できるか、という視点です。

「できない自分」「大人げない自分」「ダメな自分」を肯定するのです。

時には醜い自分であっても許してあげることが、自分を大事にすることにつながります。


「自己肯定感」という言葉がありますよね。「安い服を着ていると、自己肯定感が下がる」なんて使い方をする人もいますけど、ちょっと違います。

「自己肯定感」は「ありのまま、そのままの自分を受け入れる」言葉です。

「○○ができるから、自己を肯定できる」という言葉じゃないんですよ。

「仕事ができない」「優秀ではない」「頭がよくない」「かわいくない」そんな自分も

受け入れ、否定しない。

それが「自己肯定」です。

「どんな自分であっても、ありのまま、そのまま受け入れ向き合う」それが大切なことです。


できない自分、ダメな自分であっても、大切な自分です。

そんな自分をありのまま、そのまま受け入れる。

自分にひたすら我慢させて、自分を否定してちゃ、ダメなんですよ。

ポイント

できない自分、ダメな自分も受け入れる

正解がないことの正解を出そうと
ムダに悩んでしまっている人が多いけど、
残念ながら世の中、
白黒はっきりしないことだらけですよ。

時には「理解できない人」と出会うこともあったりします。

「なんでいつも話の腰を折るの？」「なんで朝はいつも不機嫌なの？」「なんで出したモノを片付けないの？」……生きていると、いろいろな人に会いますよね。

ムカムカしてそのことばかり考えてしまったり、顔を見るのもイヤになったり。

でも、それってちょっと人生のコスパが悪いかもしれません。

他人に対して「なんでこの人はこうなんだ!?」ではなく「まぁこの人はこういう人なんだな」程度の温度で生きるのが、人生を省エネで生きるコツです。

やっぱり生きるうえでは、省エネも大事です。

世の中ではこんなに何もかも省エネが叫ばれているのに「人間関係だけは何があってもエネルギッシュに」なんてことはないはずです。

怒るのってけっこうエネルギーも時間もいるんですよね。

それに怒って何か解決できるならいいですけど、そんなこともあんまりない。

世の中にはいろんな人がいて、あらゆる文化や常識があるので、自分が理解できない人や思いどおりにならない相手はたくさんいるんです。

そこにこだわって、大事な時間をムダにしたり、エネルギーをすりへらしていくのはもったいないですよね。

そんなときは、「この人はこういう人なんだな」「そういう考え方もあるのか」なんてフレーズを思い出して、「気にしない」という選択をするのも必要なことかなという気がします。

「意見が違う＝敵」って考えるクセがついてしまっている人がけっこういます。

違う意見をズバッと言われると驚いて、「この人は気をつかってくれない」「敵かもしれない」なんて思う人も少なくありません。

けれども、これって単に「意見が違う」だけなんですよね。

人はみんな違う人間ですから、違う意見をもっていて当然です。日本人は自分の意見をはっきり言う習慣が少ないからか、違う意見を言われると「敵」と思いがちな面があります。

でも、「意見が違う」相手は、ただ単に自分の意見を述べているだけで、あなたを攻撃しているわけではなかったりします。

とくに白黒思考があると、「どっちが正しいか」「どっちが合ってるか」などと白黒つけようとしてしまいがちです。

正解がないことの正解を出そうとムダに悩んでしまっている人が多いけれど、残念ながら世の中、白黒はっきりしないことだらけですよ。

自分と違う意見を見たときに「間違ってる！」と思うのではなく「そういう考え方もあるのか」と思うことができるといいですよね。

こう思えるだけで、だいぶ生きやすくなるのかなと思います。

ポイント

「そういう考え方もあるのか」とつぶやく

第4章

「自分の気持ち」に耳を傾ける

「普通の人」「ちゃんとした人」
なんていう実在しない生き物を
目指さなくていい。

世の中には「こうすべき」がいっぱいあります。

「みんなと仲良くすべき」

「職場では、協調性をもってやるべき」

「休まず仕事をちゃんとがんばるべき」

「子どもには怒らないで笑顔でいるべき」


どれも一見、本当っぽく見えますが、本当に「すべき」ことでしょうか。

人によっては、なくても困らないものだったり、「そんなことできない」と難しい、無理なものだったりするものです。

つまり、誰にとっても「すべき」ことではないのです。


いい人や真面目な人、がんばりやさんの人ほど、「べき」「しなきゃ」を大事にしている部分があるなって思います。

それはそれで悪いことではないですし、仕事や生活が回る部分もあるので大切なことだとも思いますが、そのせいで自分がしんどくなったり、自分のやりたいことが全然できなくなっているなら……もしかしたら、少し「べき」「しなきゃ」をやめてみてもいいのかもしれません。

「普通の人」「ちゃんとした人」なんていう実在しない生き物を目指すからしんどくなるんじゃないかなぁなんて思います。

人はそれぞれ違います。好みもやりたいことも違います。得意なことや苦手なことも違うし、一人ひとり、体力やキャパだって異なります。それをみんな「べき」「しなきゃ」でまとめるほうがおかしくないでしょうか。でも、社会にふわっと存在する、こうした「べき」「しなきゃ」を真に受けてしまうと、「自分が本当にしたいこと」「自分が幸せだと感じること」が見えなくなってしまうんですね。

だから、「べき」「しなきゃ」にまぎれて見えなくなってしまっている「自分の気持ち」に目を向けてみることが大切だったりします。

「自分の気持ち」って見えていますか?

「がんばって仕事すべきかもしれないけど、私はもう少し休みが欲しい」

「職場で協調性を大事にすべきなのはわかるけど、全部の人に合わせるのは正直難しいし、無理して合わせたくない」

「仕事や家事でイライラするより、子どもと楽しく過ごしたい」

「スキルアップして成長するより、まったり仕事していたい」

なんていう「自分の素直な気持ち」です。


それが見えづらくなっているなら、「べき」「しなきゃ」を一度、手放してみるのもいいかもしれません。

「べき」「しなきゃ」を手放したときに、ふっと「私はこうしたい」が見えてきたりします。

ポイント

すべきを手放して、自分の気持ちに目を向ける

「自分が幸せに感じること」を考えて
ノートに書き出してみる。

「何をしたいか」「何に幸せを感じるか」って本当に人それぞれです。

たとえば「休み」一つとっても、「休みたい」「休むより仕事をしていたい」「旅行に行きたい」「家でまったり過ごしたい」なんてさまざまです。

こうした日常のことの「～したい」という自分の気持ちを大事にしてあげるだけで、毎日がけっこう変わったりします。

「幸せ」ってすごくふわっとした概念なんですよね。

だから、「自分にとっての幸せ」を知るのって、自分に向き合って、自分の声をちゃんと聞いてあげてないと、けっこうわからなかったりします。


まずは「自分にとっての幸せ」を探してみましょうか。

たとえば、ノートや１枚の紙上に「自分が幸せに感じること」を書いてみましょう。

小さいことでいいんです。

幸せって、意外と小さいことでもたくさん感じられます。

・あたたかいカフェオレを飲む

・天気のいい日に広い公園でピクニックする
・猫の肉球をぷにぷにする
・洗い立てのシーツのベッドで寝る
・推しのライブに行く
・週末山登りに行く

いろいろありそうですね。

本当に小さなことでいいんです。

毎日の暮らしのなかで、「あ、あのとき、ほわっとしたあたたかい気持ちになったな」「すごい楽しかったのはこれをしていたときかも」「最近、幸せだな〜って思ったのはあのときだ」ってゆっくりと時間をとって思い出してみてください。

自分の気持ちに向き合って書き出していくと、案外あるものですよ。

こうすると、「べき」「しなきゃ」に追われたり、「他人の言う幸せ」に左右されてぼんやりしていた「自分の幸せ」の輪郭が、だんだんとはっきり見えてきたりします。

「自分が幸せに感じること」は何ですか？

-
-
-
-
-
-
-
-
-
-
-

それでも「自分にとっての幸せ」がいまいち見えてこなかったらこれです。

「失いたくないもの」を書いてみる。

「何が欲しいか」ではなく、「失いたくないものは何か」を考えると、意外と「自分にとっての幸せ」が明確になります。

たとえば、「仕事で認められて、出世して稼ぐ」が自分にとって幸せかどうかわからないときに、「今の大事な家族の時間が減るとしたらどうだろうか。どっちが自分の幸せか」を考えるのです。「大事な家族との時間は失いたくない」と思うなら、失いたくないものは「家族との時間」です。

そんなふうに「失いたくないもの」を考えていくと、「自分の幸せの輪郭」がぼんやりとですが見えてきそうです。

「あなたの幸せ」「あなたが失いたくないもの」は何ですか？

ポイント

「失いたくないもの」を書いてみる

「自分が失いたくないもの」は何ですか？

-
-
-
-
-
-
-
-
-
-
-

自分の幸せの輪郭を
どうか他人の言葉でつくらないで。

人生における「幸せ」が見えなくなってしまっている人もいるかもしれません。

「私はこういう自分になりたい」「こういう人生を生きられたら幸せ」ということがわかりづらくなっている状況です。

「自分にとっての幸せ」が何かが見えてないと、なんとなく他人の言う、親の言う、友人の言う「幸せ」を追いかけてしまいます。

たとえば、進学先や職業を選ぶときに、「親の言うことを聞いていい大学に入り、公務員になれた」という人がいたとします。

これで将来は安定するかもしれないし、それはそれで幸せな人もいるでしょうけど、ワクワクドキドキ冒険しながら生きていきたい人にとっては、全然幸せじゃないかもしれません。

「親が言う幸せ」と「自分の思う幸せ」は違ったりします。

他人の言うことは、他人の言うことでしかないものです。


自分の幸せの輪郭をどうか他人の言葉でつくらないで。どんな自分でありたいか、どんな人生を送りたいのか、どうどうと語れる軸をつくっていけたらいいですよね。

あなたにとって「幸せに生きる」とは、どんな感じでしょうか。

正社員で安定して働くほうが幸せな人もいれば、フリーランスで働く場所や時間にとらわれないほうが働きやすく幸せな人もいます。

結婚して家庭をもつのが幸せな人もいれば、バリバリ仕事をして自由に暮らすのが幸せな人もいます。

好きな場所に自分のお家を建てるのが幸せな人もいれば、賃貸暮らしで気軽にいろんな場所に住めるのが幸せな人もいます。

自分が何に幸せを感じるかがわからないと、一人気ままに生きていきたいのに結婚した友人をうらやましく思ったり、好きな場所に定住したいのに、世界を飛びまわる人に嫉妬したり、チグハグなことになってしまいます。

「人の言うこと」と「自分の幸せ」はどうすれば違いがわかるでしょうか。

ポイントは、「自分がそう思う」と「そうあるべき」を分けて考えることだと思います。

あなたが、今、「そうあるべき」と思っている事柄をあげてみましょう。


「いい会社に入って正社員で働くべき」

「夢を追ってる場合じゃなくて、安定した仕事につくべき」

「早く結婚して、親を安心させるべき」

「好きなタイプはかっこよくって話が面白い人でも、結婚するなら穏やかでちゃんとした職業の人にすべき」

「パートナーの家族とはイヤなことがあっても上手に付き合っていくべき」

などと、浮かんできたりします。

そして、それを見ながら、

- **「本当にそうあるべき?」**
- **「自分自身もそうだと思っている?」**

と心に聞いてみましょう。

すると、「いや、そんなことはないな」「私自身は、安定した仕事より好きな仕事がいい」「親を安心させるために結婚しちゃダメだ。本当に好きな人、性格の合う人としないと」などと、自分の心の声が浮かんできます。これが「自分がそう思う」です。**その「自分がそう思う」という自分の気持ちにしっかり目を向けてみるのです。**

「べき」「しなきゃ」などと考えがちな「べき思考」の強い人は、「自分の気持ち」を閉じこめてしまいがちです。

だから、自分の「したいこと」や「なりたい自分」が見えなくなって「幸せの輪郭」を見つけにくいのです。

時々は丁寧に自分と向き合って「自分がそう思う」と「そうあるべき」を分けて考える時間をもってみてくださいね。

ポイント

「自分がそう思う」と「そうあるべき」を分けて考える

「そうあるべき」と思っていること

「本当にそうあるべき？」

「自分もそう思う？」と心に聞いてみる

あまり自分だけを責めたり
厳しくしなくてもいい。

人間関係で理不尽なことがあったとき、言いがかりのような攻撃を受けたときにすら、「私が悪かった」「私がうまくできなかったから」なんてやたら反省をしてしまう人がいます。

そのうえ、「変わらなきゃ」「このままじゃダメ」なんて自分を変えたくなる人は、ひょっとしたら自分にだけ厳しくしすぎているのかもしれません。

たとえば、ある仕事の受注がとれなかったとします。あなたとしては精一杯やりましたし、途中、別の仕事でアクシデントが起きたという不運な要素もありました。それにそもそも相手先のあることであり、相手の考えや都合もあるものです。

それなのに上司は、「え、あの仕事、うまくいかなかったの？」と不機嫌でそのまま席に戻ってしまったとします。

こうしたときに、「私が100%悪い。上司を怒らせてしまった」ととり乱してしまう人がいます。

けれども、物事や人間関係に「100%どちらかが悪い」ということはなかったりします。

「全部自分のせいだ」と思っていることの多くは「100%自分だけのせい」ではないものです。

こういうときは要因を考え、数値化してみるといいです。ざっくりとでOKです。

「あのアクシデントがあったからしかたない部分もあるよね」

「相手のある仕事で、相手の都合や考えもあるから」

「でも、もう少し違う対応ができたかも。それは私のせいかな」

などと、いくつか要因が浮かんでくるのではないでしょうか。

そして、それぞれに何割くらいかを考えてみるのです。

アクシデント2、相手先の都合3、自分の能力や対応5

といったように。

こうして落ち着いて考えてみると、「100%」というのには無理があることに気づくのではないでしょうか。

もちろんこの数字は、あくまでも自分が勝手につけた不確かなものだと思いますが、こうやって数字にしていくと、自分だけを責めてもしょうがないことはわかると思います。

自分に悪い部分がなかったとはいえません。

けれども物事や人間関係に１００％というものはないものです。あまり自分を責めすぎたり、厳しくしなくてもいいんですよ。

ポイント

物事や人間関係を数値化してみる

「100%相手のせいじゃないとしたら？」

を考えてみる。

前項とは逆のパターンで、「１００％他人が悪い」と思いがちな人もいます。

なんでも「他人のせい」と思ってしまう人です。

何か問題が起きたとき「自分のせい」と考えてしまうことを「自責思考」、「他人のせい」と考えてしまうことを「他責思考」と言います。

「他責思考」、なんでも「他人のせい」も危険です。

「他責思考（他人のせい）」の持ち主は直接的なストレスは抱えにくいですが、自分の修正点が見えにくく成長しづらいという傾向があります。まわりとのトラブルも多く信頼関係が築きにくいため、結果としてストレスを感じることも少なくありません。

「他責思考」が強すぎると、それはそれで問題を抱えたりします。

そんなときは、こう考えるクセをつけてみてもいいかもしれません。

もし、「全部相手のせいだ」とムカついたり、「いつも親のせいでうまくいかない」などと深く落ち込んだりするようなことがあったときなどにこう考えてみるのです。

「１００％には無理がある。もし１００％じゃないとしたら、他にどんな要素があったのだろう」

たとえば、「家事を手伝ってくれない夫のせいで、毎日クタクタだ」という場合、自分がクタクタなのは、本当に「100%夫のせい」でしょうか。

妻側から見て、

・何をやってほしいか夫に伝えていない

・やり方を伝えていない

・勝手に「夫は進んで◯◯をするべき」と思っている

・家事は完璧にしなきゃダメだと思い込んでいる

ということがあるなら、「自分のせい」の部分も少しはありそうです。

こういうとき、「もし100%夫のせいではないとしたら、他にどんな要素があったのだろう?」って考えてみるのです。

「自分に悪い要素があるとしたら、『伝え方』かなあ」

「もしかしたら『私が完璧を求めすぎたのもいけなかった』かも。ちょっとだけど」

「『事前にやっておいてと伝えなかった』のも原因のような気がしてきた」

などと考えが浮かんでいくうちに、「あ、私にも悪いところがあったかも」と立ち止まることができたりします。

「１００%他人のせい」となりがちな自分を変えるきっかけになるのではないでしょうか。

ただこれは、別に「自分を責めたほうがいい」という話ではないですからね。

人間って、「自分は間違ってない」と思いたがるようなところがありますが、自分だって間違うし、カン違いする可能性もありますから。

自分にも間違っている要素や原因はあるかもと考えるだけです。

「要素や原因を考える」ことと「自分の責任を追及する」は違います。

要素や原因がわかれば、少しはトラブルを避けて生きやすくなるかもしれないですよね、という話だけだったりします。

ポイント

自分だって間違うし、カン違いをする

ミスを謝るのはいいけど、
ミスした自分を否定するのは
やめておこう。

何も悪いことをしていないのに、申し訳なさそうに生きるクセがついてしまっている人がいます。

・すぐ「ごめんなさい」と言ってしまう
・毎日残業になっても、「自分の仕事が遅いから」と思ってしまう
・忙しくてもLINEをすぐ返さなきゃと思う
・褒められても、「そんなことない」とすぐ否定する

こんなふうに、つい謝ってしまったり、なんとなくペコペコしながら生きている人たちです。

もちろん、自分が悪いことをしたり、間違えてしまったときは「ごめんなさい」を言うのはいいことです。

あるいは自分が悪くなくても、「ごめんなさい」と言うことで、相手がいったんおさまるなら言ってもいいと思います。武器としての「ごめんなさい」ですから。

相手が感情的になって話を聞いてくれないのなら、いったん「ごめんなさい」を

放っておいて冷静になるのを待つ。麻酔銃みたいなものです。

「ごめんなさい」も武器として使えるなら、僕は全然いいと思ってます。

感情を武器として見せるのは、交渉術のひとつですから。

でも、「ごめんなさい」のあとに、「私なんて」「私がダメだから」みたいな自己否定の言葉が出てきてしまうようなら少し注意が必要かもしれません。

そんなときは、ちょっと立ち止まってほしいですね。

たとえば、仕事でミスをしたときに「私って仕事のできないダメな人間」と落ち込んでしまうようなケースです。

もちろん、「ミスした自分」を責める気持ちはわかります。ミスで迷惑をかけた相手に謝ることも大切なことです。

でも、「仕事でミスしたこと」と「自分なんてダメだ」という自己否定を、すぐに結びつけるのはちょっと違います。

こういうときに大事なのは、「ミスをしたことで謝罪する（出来事）」と「ミスをしたことで自分を否定する（自己評価）」、この2つを分けることです。

ミスしてすぐに「自分なんてダメだ」「こんなミスしたら評価が下がるよ」なんていう、ネガティブに評価する行動は封印しておくことが大切だったりします。

「すぐにＬＩＮＥを返せないことは謝る」のはいいけど、「ＬＩＮＥを返せない自分はダメなんだ」と自分を否定するのをやめる。

「褒められたことが意外で驚く」のはいいけど、「そんな褒められるほどの価値は自分にはない」なんて自分を否定するのはやめる。

このような感じです。

とりあえずは、「自己否定の気持ちを感じたら、ちょっとその気持ちを横に置いておく」という意識をもつくらいでもいいかもしれません。

ポイント

自己否定の気持ちはいったん横に置く

自分の本来の特性や
素のままの自分を大切にしてみる。

他人からいろいろアドバイスのようなことを言われることってあると思います。

「小さいことをあんまり気にしないほうがいいよ」

「人の言うことは素直に聞かなきゃ」

「もっとまわりを見渡したほうがいいよ」

というように。

時にこういう言葉って、深い意味もない気軽なものだったり、「自分の望むとおりに動いて」とか「自分の言うことを聞け」という理不尽な意味で発せられたものだったりもします。

でも、真面目でがんばりやさん、いい人や優しい人って、こういうときにもちゃんと「もっとこうしなきゃ」「こんなやり方もあったかも」って反省したり、改善しようとします。

「ちゃんと悪いところを修正しなきゃ」「至らない点は改めよう」「このままじゃダメだ」なんて、指摘された部分、誰かと比べて足りないと思ってしまっている部分を埋めようと、がんばりだしたりします。

自分の中に「反省」と「改善」がインストールされてしまっていて、「ああすればよかった」「次からはこうしなければ」と、自分を責めて反省したり、がんばって改善しだしたりします。

でもね、その「反省」や「改善」は自分にとって本当に意味のあること、本当に大事なことだったりするんでしょうか。

誰かの何気ない一言や理不尽な言葉がきっかけで、あなたの特性や素晴らしさを押さえ込んだり捨ててしまうのは、ちょっともったいない。

「小さいことが気になる」のは「繊細で細やかなところに気づける」という長所になったりします。

「素直に聞かない」のは、「物事を鵜呑みにせず、ちゃんと考えている」という良さになるかもしれません。

「まわりを見渡せない」のは、「集中力がある」という意味にもなります。

つまり、「自分の良さ」「自分本来の特性」を無理して消してしまうことにつながっ

たりもするんですよ。

だから反省や改善は、あせってするのではなく、まずは自分の心も体もケアして、フラットな状況になってからでもいいんじゃないかなと思うんです。

誰かから気になる一言や胸に刺さる言葉を言われたときは、すぐに反省して改善しようとがんばろうとするのではなく、いったん立ち止まって、自分の心や体のケアをする。

そして、心身ともにいい状態でその言葉を振り返ってみるのです。

たとえば、ノートにその言葉を書いてみて、

「その言葉の意味はどういうことか」
「反省するところ、改善するところは本当にあるのか」
「その反省や改善によって『自分らしさ』に無理は出ないか」

などを考えてみるのです。

誰かからふと言われた言葉で「変わらなきゃ」「このままじゃダメ」と反省や改善をしがちですけど、もちろんそれも悪くないんですけど、でもまずは、自分を心身ともにケアして落ち着いた状態で自分と向き合ってみることが大切だったりします。

そして、「自分本来の特性」「素のままの自分」も大切にしてあげてほしいなとも思います。

そのうえで、自然と変わりたいと思ったときに、変わるのでもいいんじゃないでしょうか。

ポイント

あせって反省したり、改善しない

「気になった言葉」「胸に刺さった言葉」を書く

「反省するところ」「改善するところ」はあるか、
「自分らしさ」に無理が出ないかを考えてみる

「7日間を『5日労働』『2日休み』に
最初に分けた人が悪い」
って思ってしまってもいい。

「あれしなきゃ、これもしとかないと、って段取りばかりがそこそこうまくなって、結局、自分も家族も大切にできてない気がする」なんて悩みを聞いたことがあります。

真面目で、がんばりやさんってこういう人が多い気がします。

もちろんがんばってうまくいくのなら、それはそれでいいことです。

でも、がんばりすぎてしまって、自分がへとへとになってしまったり、心がすりきれてしまったり、「もうダメだ」みたいになっているとしたら――。

「手を抜く」のもありだと思います。

上手に手を抜くポイントは自分のキャパがオーバーする前に「手を抜けるところはないか」という視点をもつことです。

たとえば、仕事をたくさん抱えているときに、上司から急ぎの仕事をふられたとします。

「手を抜けるところはないかな」という視点がないと、

「今やっている仕事も終わってない！　↓上司の仕事も断れない！　↓仕事つらい

↓もう会社やめよう」

なんて思いつめてしまうかもしれません。


一方、「手を抜けるところはないかな」という視点があると、

「今やっている仕事も終わっていない！　↓上司の仕事も断れない↓」の段階で、「あ、そろそろつらくなるな。キャパオーバーの一歩手前かな。手を抜く場所を考えたほうがいいな」と思えたりするのです。


その結果、次のような解決策が頭に浮かんだりするんですよ。

「今やっている仕事を、少しずらせないか聞いてみよう」

「上司の急ぎの仕事は半分だけ引き受けられないか聞いてみよう」

無理していっぱいいっぱいになって、「もうダメだ」となってしまうより、全然いいと思いませんか？


そのためにも、普段から「自分はどのくらいの時間でどういう仕事ができるのか」、「どのくらい働いたら休憩が必要なのか」などキャパや体力、できることを知ってお

くといいでしょう。

人それぞれ、キャパも体力も能力も違います。

大切にしてることも違います。

だから、「自分のキャパを知っておくこと」「キャパがいっぱいになってきたら、手を抜く場所を探すこと」が大切なんですよ。

「『週に5日働けるのが普通』なんて誰が決めたの?」なんて思いませんか。

ちなみに、僕は、「7日間を『5日労働』『2日休み』に最初に分けた人が悪い。百歩譲って4対3だろ、割り算苦手か」なんて「常識」にツッコミを入れながら生活していたりします。

ポイント

「手を抜けるところはないか」という視点をもつ

「変えられるもの」に目を向けて
これからを生きたいじゃないですか。

物事って、「すべての原因が一つ」ということはなかったりします。

たとえば、診察していて「適応障害になったのは仕事が原因です」と言う人もいますが、そう簡単なものでもなかったりします。

もちろん、仕事も原因の一つですが、いろんな要因が重なり合っていたりします。

本人のとらえ方（認知）の問題であったり、まわりに頼れる人がいない、親との関係に問題があったりなど背景にいろんなことが折り重なっているんですね。


だから、物事を「０」か「１００」かの「白黒思考」で考えないというのが一番大切だったりします。


よく「親ガチャ」なんて言い方をしますよね。

「自分が不幸なのは親のせいだ」という考え方です。

もちろん、親の要素ってすごく大きいものですが、この先の人生においても、自分が親のせいで何もできないかというと、そうではないはずです。

親以外で信頼できる人を見つけたり、今後、親と距離をとってみたりという方法もあるはずです。

もちろん、原因をまったく見なくていいってことじゃないですよ。

たとえば、親が厳しくて、小さいころから自己主張が許されず、今も他人に対して「言いたいこと」が言えないという場合もあります。そんなとき「親の影響で自分には、こんな特徴があるんだ」と知っておくことは、良好な人間関係を築くうえで必要になります。

ただ、「親が厳しかったという過去」自体を変えることはできません。

親を許す必要も受け入れる必要もありませんが、「変えられないもの」にとらわれてしまって、今これからの「自分の大切な時間」をムダにするのももったいないことです。

「変えられないもの」に目を向け時間を失うより、変えられるものに目を向けてこれからを生きたいじゃないですか。

だから、「自分を変えたい」と思ったら、「変えられるもの」と「変えられないもの」に分けられるといいですよね。

たとえば「自己主張できない自分を変えたい」だったら、「変えられる」ことと「変えられないこと」をリストに書いてみましょう。

【変えられる】

・「言いたいこと」がいまいちよくわからない→自分の気持ちをちゃんと考えてみる
・誘われるとつい断れない→気の進まないときは断る
・まわりの意見に同調してしまう→「違うな」と思ったら、同調せずにまずは黙る
・意見を聞いてくれない友人とは離れる

【変えられない】

・親が自分の考えを押しつけてくること→「やめて」とは言えるが、基本変えられない。
・上司のパワハラにあっても何も言えず、仕事をやめた過去のことを思い出すとつらい→過去のことは変えられない。

こうやってリストにしていくと、【変えられる】のは「未来」と「自分」に関することで、【変えられない】のは「過去」と「他人」のことだとわかるでしょう。

未来に目を向けることを「未来思考」、過去に目を向けることを「過去思考」といいます。

私たちは過去の失敗や経験から学んでいくものですから、過去思考がいちがいに悪いわけではないですが、「自分を変えたい」「一歩踏み出したい」と願うなら、未来思考がおすすめです。

失敗したときに「ああしたらよかった」と思うか、「今度からはこうしよう」と思えるかで世界の見え方はずいぶん変わりますからね。

ポイント

「変えられること」「変えられないこと」を書いてみる

「変えられること」リスト

「変えられないこと」リスト

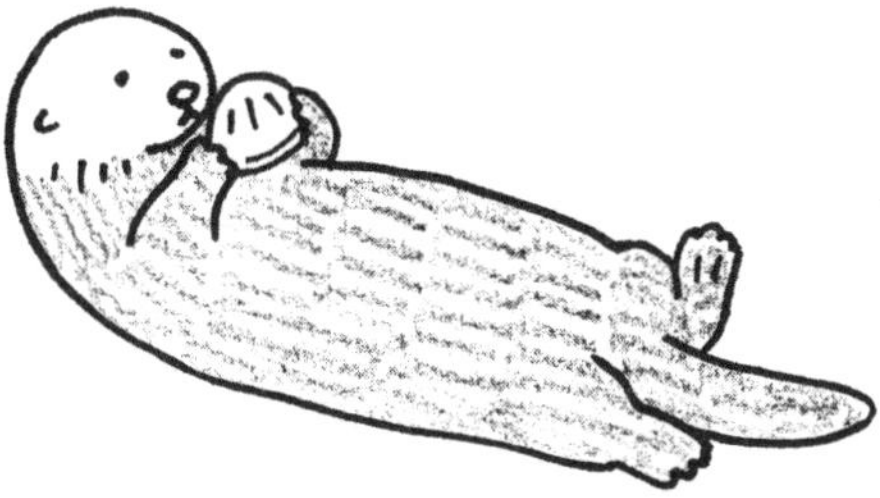

第5章

自分のタイミングがきたら、変われるように

人からの評価を気にしない。
変わりたいときはつねに自分目線。
「他人の目線」は禁止。

ここまで、「変わりたい」と言う人に、「まぁそんなに、自分を変えなくても」というようなお話をしてきました。

なぜなら、自分を変えたいときって、落ち込んでいたり、しんどかったり、悩んでいたりする状況にいるときが多くて、そんなときに「変わる」という大きな決断をするのは、よくないケースも少なくないからです。

それに第1章でもお話ししましたが、「変わる」って「このままの私じゃダメ」「今の自分から成長しないと」というように「今の自分を否定すること」でもあります。自己否定につながることもあるんですね。

エネルギーが必要だったり、すごく苦しく感じることもあります。

だから、「変わる」としたら、あなたが「無理に」でもなく「がんばって」でもなくて、自分がいい状態にいるときに、自分の中から「変わりたい」と自然に思ったときに、変わってみるほうがいいのです。

自分のタイミングで、自分の中からふっと出てきて、「変わろう」と思えるときに。

本章はそんなときに、役に立つヒントのようなお話です。

「自分を変えたい」と思うときに大切なことがあります。

「他人の評価」で自分を変えようと思わないことです。

自分を変えたいときに、「こんな人になりたい」という理想像をもつことがあります。「(他人から見て) 明るい人だと思われたい」「(他人と比べて) 仕事ができる人になりたい」というように。

もちろん思うことがあってもいいですし、目指すのも悪くはないですが、こうした「他人からの評価」を中心に自分を変えようとするのは、あまりおすすめしません。「他人の評価」を気にすることは、「自分の価値を他人に決めさせているようなもの」なんですよ。

あなたの価値を他人に決めさせてはダメです。

そんな「他人の評価」で、「変わろう」としないでくださいね。

「変わろう」とするときは、あくまでも「自分の中から自然に」で、「自分目線」「自分軸」です。

そのことは覚えておいてほしいなと思います。

それにね、そもそも人にはたくさんの面があるものです。

明るいときもあれば、暗いときもある。人に優しくできるときもあれば、つい優しくできないときもある。

自分の力を発揮して仕事ができる環境にいるときもあれば、できない環境にいるときもある。

バリバリがんばることのできる時期もあれば、しんどくてただただ一日をしのぐ時期もある。

そして、その時期やタイミングだって人それぞれですから、人生の一部を切り取ってされる他人の評価にあまり意味はなかったりするんですよ。

ポイント

自分の価値は自分で決める

「変わりたい」と思ったときは
「逆に休んでみる」が大切。

「変わりたい」と思ったときに、おすすめのことがあります。

「逆に休んでみる」です。

「え？　変わりたいと思ったときは、行動することが大事では？」と思う人もいるかもしれませんね。

でもね、やっぱり何か行動を起こすにもエネルギーが必要です。だから最初にエネルギーをためておくことが大切です。

むしろ、エネルギーがたまってないのに、あせって行動しても、疲れたり、しんどくなったり、不安になったりして、自信を失ってしまったりするんですよ。

そして、「エネルギーをためる」ために意識してほしいことは、「断る勇気をもつ」ことです。

まわりを気にしたり、他人の評価に応えようとすると消耗してしまいます。消耗しそうになったら正々堂々と「断り」を入れてみてください。

たとえば、こんな感じで「断る」のです。

・上司に「明日までにこの資料を仕上げて」と無茶を言われたら、進捗状況を報告したうえで明後日までにしてもらう
・義母に突然、「今から遊びに行く」と言われたら、「予定があるので」と断る
・職場の人から「今週の金曜日みんなで飲みにいこう」と誘われたら、「私はやめておきます」と断る

このように、「無理をしないとできないこと」や「しんどいと感じる要求」「気が進まないもの」「心がはずまないこと」「必要性を感じないこと」には、はっきりとノーと言ってみてもいいかもしれません。

知らない人が多いけど、誰にだってイヤなものをイヤと言う権利はある。言っていいんですよ。大丈夫。

たしかに断る相手によっては、「生意気なやつだ」「冷たい嫁ね」「感じ悪い」と思われるリスクがないわけではありません。

でもね、誰にどう思われても、あなたの価値は変わらないんですよ。

誰か一人に認めてもらえないから価値が暴落するなんてことはないものです。

単にあなたの価値が「わかる人」と「わからない人」がいるだけ。

あなたの価値はあなたが決めてもいいのです。

それでも、「断ったときの相手の反応が怖い」と思う人もいるかもしれません。そんな人は、こう心の中で思うようにしたらどうでしょうか。

悪気のある反応を返してくる他人には、自分を時代劇の殿様のように高く置いておくイメージで、「え？　頭《ず》が高い」の一言で終わり。

自分のために「断る勇気」をもちましょう。

ポイント

ノーという勇気をもつ

「自分にとって何が必要で、
何を捨てていいのか」を考えてみる。

「変わろう」と思ったときって、「よし、がんばろう！」と気合い入れてがんばろうとしがちだったりします。

でもね、「がんばる」より、「上手な手の抜き方」を覚えるほうがずっと大事です。がんばる人ではなく、適度に手を抜ける人を目指すほうが大切なのです。

よく言われがちな言葉ですが、「神は乗り越えられる試練しか与えない」というものがありますが、これは運良く乗り越えられた人の言葉です。だから信じて無理すると普通にへし折られたりします。どうか気をつけて。

人それぞれキャパは限られてますから、いかに自分にとって大事なものに時間を割くかが勝負になります。

手を抜けるところは抜いて、要領よくやっていきたいものです。

でも、「手を抜く人」というと、自分勝手でずるい人、えらい人に媚びてトクする人、外面だけがいい人……などとネガティブな印象をもつ人もいます。

「要領のいい人」には、「あいつより俺のほうがこんなに真面目にがんばってるのに、幸せそうでずるい！」なんてイメージをもつ人だっています。

僕は、「要領のいい人」って「自分にとって何が必要で、何を捨てていいのか」がわかる人だと思っています。

・「自分のキャパ」をわかっている
・「自分にとっていらないもの」を捨てる勇気がある
・「〇〇すべき」「絶対に〇〇」にとらわれていない
・「全部完璧にやらなきゃ」という完璧主義がない
・「自分さえ我慢すればいい」といった自己犠牲になっていない

このような「要領のいい人」の考えをとり入れることが、自分らしく変わっていけるコツかもしれません。

「変わりたい」と思うと「ダイエットを始めよう」「資格のための勉強をしよう」な

ど足し算を考えがちですが、まずは引き算です。

スペースがなければ、新しいものは入らないですから。


「自分に必要ないものは何か」

「自分は何を捨てていいのか」

を自分と向き合って考えることが大切だったりします。


「やることが多いな」と思ったときは、それは本当に「自分がやるべきなのか」「今やるべきなのか」「全部やるべきなのか」を考えてみてください。

案外、やらなくてもすむことばかりかもしれませんよ。

ポイント

「やること」ではなく「捨てていいこと」を探す

人に頼れることも「強さ」なんですよ。

変わりたいときって、「何を捨てていいのかを考えること」も大切ですが、「助けを求めること」も大切です。

だから第1章でもお伝えしたように「助けを求める練習」はしておいたほうがいいです。

「変わる」ってすごく大変です。エネルギーもいります。

いつも元気ではいられないでしょうし、時には落ち込むこともあるでしょう。手にあまる仕事をしなきゃいけないときもあります。

そんなときは、「助けを求める」「甘える」「頼る」が有効です。

木が折れるかどうかは、その木の「強さ」より、風除《かざよ》けのフェンスや添木《そえぎ》があるかどうかが大切だったりするんですよ。

人の心も同じです。折れそうなときに助けてくれる人がいたかどうかが重要です。

なのに、なぜか個人の「心の弱さ」ばかりが批判されるんですよね。

「一人でがんばる」のが「強さ」と誤解している人も多いかもしれません。

でもね、人に頼れることも「強さ」なんです。

この本を手にとった人の中には「もっと強い自分に変わりたい」なんて思っている人も少なくないと思うんです。

だけど、「個人の心の強さ」にばかり頼ると、当然、人の心は折れてしまいます。

少しだけ視点を変えて、助けを求められる人、甘えられる人、頼れる人を探してみませんか。

たとえば、上司からお願いされていた仕事が、締め切りまでにまったく終わりそうにないときは、上司や同僚に助けを求めてみるのです。

助けを求める前は、「甘えるなって怒られるかも」「仕事ができないやつだと思われるかも」などとネガティブな感情をもっていたかもしれません。

しかしお願いしてみたら、実際には、

上司「たしかに、締め切りがタイトすぎたかもな。週明けでいいよ」

同僚「ちょうど手が空いたから手伝うよ」

なんて反応が返ってくるかもしれません。

もちろん「なんでもっと早く言わないんだ！」「残業してでも終わらせてね」と言われることもあるかもしれませんが……。

「助けて」と言う勇気をもつ。
「これ、代わりにやってもらえませんか」と甘える相手を増やす。
「わからないので、教えてください」と頼る人を見つける。

そういう「強さ」が、あなたが変わっていく過程で大切なことだと思います。

ポイント

助けてと言える人、甘えられる人、頼れる人を見つける

自分に向き合い、変わるのって、
タイミングがすごく大事。

「自分を変える」ってしんどいことです。

時に、今の自分を否定することになるので、勇気が必要だったりもします。

人によっては、過去の自分のイヤな記憶に向き合うことになるかもしれません。

もしも「変わりたいのに変われない」と悩むくらいなら、「今は向き合う時期ではない」と考えてもいいんじゃないかなって思ったりします。

自分の中に「変化を起こす」ってなかなか大変ですから。

僕が働いている精神科も、「病気を治す」という目的がありますから、患者さんにも説明して「変わっていく必要性」を理解してもらうことがあります。

でも、来てすぐ誰にでも伝えるわけではなく、今のこの人なら受け入れる余力があるだろうな、と思える状態のときに、タイミングをじっくり見て、ようやく話せることなんです。とても慎重になります。

自分に向き合うのって、タイミングがすごく大事なんですよ。

よく人を励ます意味で「やまない雨はない」という人がいますよね。悩んでいる人に投げかける優しい言葉かもしれません。

でも、今つらい人には「どしゃぶりの雨の中にいる私に、そんなこと言われても。今すぐなんとかしたいのよ」と感じる人もいます。

「いやいや、雨の降ってない場所から言わないでよ」と怒る人もいるでしょう。

それにね、人生の悩みごとは、雨と違って長かったりします。

人生には、やまない雨がめっちゃあるものです。

でも、やまないから絶望しろという話でもないので、もう少し話を続けますね。

人間って「環境を受け入れる」ことで対策できる生き物だったりします。

昔の人は、「雨がやまない。だったらどうしようか」と考えて、傘や雨ガッパをつくったりしました。あまりにどしゃぶりで雨がやまずに川が氾濫《はんらん》して困るときは、堤防やダムをつくったりしたのです。

つまり、しんどいときは、「いつやむのかな」と待つのも手だけど、いつまでたってもやまないときは、雨の降ってない場所から「いつかやむから」と言ってくる人の言うことを聞く必要はなくて。

それぞれのタイミングで「やまない雨」と向き合ってみて、対策を考えるのも一つの手ということです。

ただ、それにも、タイミングが大事だなって思います。

つねに「なぜ、雨がやまないのか」「やまないとしたら、どうしたらいいか」なんて向き合っていたらしんどい。

向き合い考えてみるタイミングを自分の中で探してみることは大切です。

今でなくたっていいのです。時々考えるだけでもいいのです。

この本を読んでくれているあなたに、時々は「今がタイミングかな」って思い出してほしいと思い、この話を書きました。

あなたが「今が自分のタイミングかも」と自然に思えたら、そのときに、「なぜ、雨がやまないのか」「やまないとしたら、どうしたらいいか」を考えてみてくださいね。

ポイント

時々、「今がタイミングかな」と思い出してみる

ずっと「誰かのせい」にしても
人生はあんまり好転しないから。
「自分ができること」に
目を向けてみる。

なんでも「自分のせい」と自分を責めてしまいがちな人がいる一方で、「他人のせい」となってしまいがちな人もいます。「他責思考」の傾向がある人です。

「他責思考」のデメリットは責任感をもちにくかったり、他人とのトラブルが多いことだったりします。

トラブルになればいいいですけど「あの人はちょっと……」と静かに敬遠されている場合もあるでしょう。

一番のデメリットは成長が止まってしまうことかもしれません。

「あれは◯◯ちゃんのせいだから」「結局部長のマネジメントがダメなんだよ」などと「他人のせい」にしていると、自分にダメな部分があってもなかなか気づけません。

たとえば「なんでも親のせい」にしてしまう人がしばしばいます。

「私を支配してくる親で、大学も就職先も友人関係にもなんにでも口を出してきた。身動きができなかった。今、人生がうまくいかないのは、毒親のせいだ」という人がいたとします。

もちろん毒親はしんどいです。なかには虐待に近いケースもあるでしょう。

どれだけひどい目にあっても「親が言うことは正しい」という嘘に支配されている子は多くいて、そうした洗脳の中で子どもが親を疑うのはとても難しいものです。まわりからみたら暴力的な親であっても、「これが当たり前」と思っている子どもはたくさんいます。

ただ、そこまでではないケースもありますよね。

「口うるさかった」
「門限が厳しかった」
「ヤンチャな彼との交際を反対された」

など毒親とまではいかない親に対して、「親のせいだ」と言い続けるのは、ちょっともったいない気もします。

ずっと「誰かのせい」にしていても、人生はあんまり好転しないんですよね。その誰かが反省して、あなたを幸せにしてくれることって、ほとんどなかったりするものです。

「自分」が「これから」できることに目を向けてみてください。

「親のせいだ」と言い続けるより、親から離れたほうがよっぽどいいです。
すぐには難しくても、親から離れられる日は来ます。そのときを逃さないための準備と覚悟だけは今からでもできます。
一人暮らしをするためのお金を貯めてもいいし、親以外の大人に相談してみるのもいいでしょう。

もちろん「あなたが悪い」と言いたいわけじゃありません。「自分のせい」の部分を見たほうが変わりやすいというだけです。

ポイント

「他人のせい」とはどこかでお別れする

人間は意志が弱いものだから、
「環境の力」を借りてしまおう。

「ずっと他人のせいにしていても変わらない」ということはあると思います。なぜなら、前項のお話の親にかぎらず、基本的に「他人を変えることはできない」からです。

だとしたら、この状況から抜け出すには自分が変わるしかない。

でも、「自分が変わる」だけをがんばるのも、しんどいものです。

そんなときは、「環境」に注目してみることも一つです。

環境ってすごく大事です。

「人は環境によって変わる」とよく言われたりします。

勉強しない子ばかりのクラスより、勉強する子ばかりのクラスにいたほうが勉強するようになったりします。

まわりの人や場所など環境に影響を受けて、自然と変わる面があるのです。

だから「変わりたい」ときって、次のように「環境の力」を借りるのも手だったりします。

・ゲームの時間を減らしたかったら、利用時間を可視化できるアプリを入れる
・筋トレしたかったら、理想のボディのポスターを壁に貼っておく

・早起きしたかったら、カーテンが自動で開くものに変えてみる
・部屋を散らかしたくなかったら、大きなゴミ箱を置いておく

ちなみに、僕は家に食べ物をいっぱい置いておくと、どんどんムダに食べてしまうので、あまり置いておかないようにしています。

というのも「自分の意志はそんなに強くない」と知っているからです。

人間って意外と自分をコントロールできない生き物です。

にもかかわらずコントロールしようとして、「意志が弱い」と自分を責めたり、自己嫌悪になったりするんですよね。

どうか自分を責めないでください。

人間は意志が弱いもの。「自分の意志」だけで自分を変えようとしすぎないでください。

たとえば「仕事がしんどい。自分には合わない内容だから上司に怒られてばかりだし」という悩みがあったとします。

だったら、「上司が変わってくれないかな」と誰かのせいにしているより、「もっとがんばらなきゃ。でもしんどいし」などと悩んでいるより、転職をして環境を変えることで解決することもあると思います。

当然ですが、上司も会社もなかなか変わらないものですし、自分を変えるのにはエネルギーもいるし時間もかかる。かけたところで変わるかどうかもわからない。

それなら、いっそ環境を変えたほうがいい。

転職するにはどうしたらいいか、自分に合う仕事はどんなものか、やめてから仕事を見つけるべきか、その間のお金は大丈夫かなど、考えることはたくさんありますが、ちょっとずつ前に進んでいけると思います。

もちろん転職だけが選択肢ではありません。

自分が幸せになる環境整備に取り組んでみてください。

ポイント

「自分」ではなく「環境」を変える

白黒つけなくてもいい。
くよくよ悩んだままでもいい。
すぐに答えを出せなくてもいい。

「ネガティブ・ケイパビリティ（Negative capability）」という言葉を知っていますか？
イギリスの詩人ジョン・キーツが述べた「不確実なものや未解決のものに耐え、受容する力」を意味する言葉です。

生きていると答えが出ないこと、対処しようもないことがいっぱいあります。人生にはグレーなこともめちゃくちゃ多いです。

でも、人間の脳は「わからないこと」があると予測不能なことが多くなるため不安に感じるそうです。だから「わからない状態」をあまり好まない。

人間は「わかりたい」生き物なんですね。ですから、すぐに白黒つけたくなるのは当然なのかもしれません。

「なぜ自分ばかり、こんな目に遭うんだ」「どうしたら解決するんだろう」と答えを急ぎます。「誰かをうらむ」とか「自分を責める」などのわかりやすい答えに突っ走ってしまうこともあります。

でも、もう少し答えを出すのに時間をかけてもいいのではないでしょうか。

白黒つけなくてもいい。くよくよ悩んだままでもいい。

すぐに答えを出さず、あやふやな状態のまま、目の前のことやできることだけをやっていく。

どしゃぶりの雨の中でも、傘を探しつつ、時々雨宿りをしつつ、解決策をなんとなく考えながら歩いていく。

それもまたネガティブ・ケイパビリティなのかなと思います。

もちろん答えの出ない状態で、不安やあせりを感じたりもするでしょう。不安やあせりはあって当然です。

ちなみに僕は飛行機に乗るとき、めちゃめちゃ不安になります。

「あんなに重たい鉄の塊《かたまり》が空を飛ぶなんて意味がわからない」なんて思っています。

でも、席に座って持ち込んだ本なんかを読んでいるうちに、だんだん不安を忘れて、気づいたら空港に着陸していたりします。

不安はずっとそこにあるわけではありません。

いつか消えていくし、慣れていくし、なんなら目の前のことに集中することでだんだんと散らされていきます。

不安やあせりを抱えたまま、だましだまし行きましょう。

変わっても、変わらなくてもいい。

「変わる」「変わらない」どちらにも決められない曖昧なまま、悩んだり落ち込んだりしながら、いつの間にか変わっていた、なんてこともあるものです。

すぐに変わらなくても、変われなくても、不安やあせりを抱えながら、いろいろがんばっていたら、気づいたら自分もまわりも変わっているかもしれません。

答えの出せない自分、変われない自分、決められない自分、くよくよ悩む自分でも全然大丈夫です。

ポイント

答えの出せない自分、変われない自分も受け入れる

当たり前のように思うその一歩は、
全然当たり前じゃないから。

ここまで、いろんなお話をしてきました。

「変わりたい」「変わらなきゃ」と悩むみなさんが少しでもラクになって、あわよくば行動する勇気が湧いてきたらうれしいです。

ただ僕としては、そんなに無理して変わらなくてもいいと思っています。


僕らは、普段、当たり前と思って一歩一歩を踏み出しています。

布団から出る一歩、家の玄関から出る一歩。電車に乗る一歩、会社に入る一歩。

「前に足を出す」のが当たり前になっていませんか。

それが習慣になっていて、イヤなことがあったとしても、どんなときでも、それがしごく普通のことのように足を踏み出したりします。


でも、意識をしていないと気がつかないけど、実はこれってすごいことなのです。

たとえば精神科を受診する人の中には、「その一歩」が出なくなってしまった人が多くいます。

なぜだかわからないけど仕事に行こうと思うと玄関からなかなか動けない。

電車に乗り込めず、何本も見送る。

車で職場に着いたけど、車から降りられない、職場に踏み込めない。

みんなそうなって初めて、「あぁがんばりすぎてたんだ」「しんどかったんだ」と気づくのです。


当たり前の日常ががんばりの連続だった、当たり前ではなかったのだと、「がんばれなくなってから初めて気づく」のです。


いつもやっているから、みんなやっているから当たり前、ではなくて。

仕事に行ってお金を稼いで帰ってくる、家族のために買い物をして家事をする。それも当たり前じゃないんです。

当たり前に踏み出している一歩はがんばりの結果であるということ。それを忘れないでいてほしいなぁって思います。

今日も一歩踏み出した時点で上出来なのです。自分を褒めてやってください。

だから、変わっても、変わらなくてもいいんです。

だって、こんな生きづらい世の中、寿命まで生ききったら、それだけで表彰ものだと思いませんか？

あなたは、この不確かな世の中で生きているだけですごいんですから。

まずは、そんな自分にそのまま「いいね」と言ってもらえたらいいなと思います。

ポイント

そのままの自分に「いいね」と言おう

購入者限定特典

本書の4章にある書き込み用のワークシートが、
下記QRコードよりダウンロードできます。
ぜひ、プリントアウトしてご活用くださいませ。

https://d21.co.jp/special/beyourself/

ユーザー名 discover3027

パスワード beyourself

おわりに

本を出版する際に、僕がいつも考えていることがあります。

それは、医師としての現場での経験や知識を、受診をしてきたわけではない読者の方々のニーズにどう変換するか、です。

しかしそれが時に難しいのです。少し気を抜くと読者ニーズに飲み込まれてしまって、自分の中にはない、臨床の現場で感じたことからは脱線した一般論が増えてしまったりするからです。今回の本のテーマである「変わりたい、変わらなきゃと思ったとき」について考えていた際も、どこまでが自分の感じていることなのか、この話は自分のどこから出てきたのかをずっと自問していました。

そしてあとがきを書いている今、ようやくある話に結びつき、腹落ちしました。

精神科医をしていると、臨床の現場で多くの「死にたい」という言葉に出逢います。しかしその言葉は、「生きていることがつらい」「助けてほしい」「変わりたい」「やり直したい」、さまざまな言葉の言い換えであることもしばしばです。そこには「どうしたらいいかわからない」というSOSが埋め込まれていたりもします。

この「死にたい」と同じように、「変わりたい、変わらなきゃ」には、「今の自分ではダメだ」「つらい」「自分が嫌い」などの別の想いが内包されていて、でも、どうしていいかわからず困っているのです。

表層に出てくる言葉にまどわされず、その背後に隠れている問題をどう解決するのか一緒に考えていく必要がある。これは日々の診療の中でつねづね感じることです。

ただ、実は精神科に限ったことではありません。

研修医時代、僕は救急外来で「めまいがする」と言う患者さんの言葉を、そのままカルテに書いたことがあります。そのとき、指導医から、

「患者さんの言う『めまい』が、『ふわふわする』なのか『目が回る感じ』なのか『目の前が真っ暗になる感じ』なのか、しっかりその意味を聞きとるように」

と厳しく指導された経験が今でも思い出されます。

僕たちは、ついみんなが同じ世界を生き、同じ言葉を使い、同じ景色を見ていると思ってしまいます。

けれども、人によりその見え方も、感じ方も、伝え方も、大きく違うものです。「死にたい」「変わりたい」「めまいがする」。言葉はとても多くのことを伝えているようで、意外と心のほんの一部しか形にできていなかったりするものです。

「変わりたい」という言葉にひたすら「変わる方法」を投げ返すのは簡単です。そういう本もたくさんあると思います。

でも、「変わりたい、変わらなきゃ」と感じている人は、その言葉の中にどんな気持ちがあるのかを、まずは自分自身で知る必要があります。原因を取り除いたり状況をよくしたいなら、自分の言葉の奥にある本当の気持ちと向き合わないと、この「めまい」は消えないと思い、この本を書きました。

自分の気持ちが見えてくれれば「変わりたい、でも変わるのは怖い」という相反する感情の狭間で揺れ動く自分を否定したり、無理に逃げ出す必要はなくなります。

前作、『「誰かのため」に生きすぎない』（ディスカヴァー）がありがたいことにヒットして、この本を出すことになりました。SNSやネット書店などで非常に多くの方がレビューや感想を書いてくださったり、Ａｍａｚｏｎで「ギフトとしてよく贈られている商品」のランキングに入ったりしていたことが僕にとって印象的でした。

『「誰かのため」に生きすぎない』というテーマの本を、「誰かのため」にすすめたいと思ってくれた人がたくさんいる――。なんという矛盾、そして、なんという味わい深さなのか、と深く感動しました。多くの人の揺れ動く気配を味わわせていただき、著者として本当に感謝の念に堪えません。

この本も同じかもしれません。「変わりたい人」が本書の想定している読者ですが、変わるために背中を押してくれるのか、あせらなくていいと撫でてくれるのか。読む人や時期によって、大きく変わると思います。

変わりたいと思うのもよし、変わりたいと思わないのもよし。

それぞれのタイミングでこの本を引っ張りだし、それぞれの矛盾や揺れ動く狭間を味わってみてください。

２０２４年３月

藤野智哉

「そのままの自分」を生きてみる 精神科医が教える心がラクになるコツ

発行日 2024年4月19日 第1刷
2024年5月21日 第3刷

Author 藤野智哉

Illustrator 篠本 映

Book Designer 田村梓（ten-bin）

Publication 株式会社ディスカヴァー・トゥエンティワン
〒102-0093 東京都千代田区平河町2-16-1 平河町森タワー11F
TEL 03-3237-8321（代表） 03-3237-8345（営業）
FAX 03-3237-8323
https://d21.co.jp/

Publisher 谷口奈緒美
Editor 大田原恵美（編集協力 御友貴子）

Sales & Marketing Company
飯田智樹 庄司知世 蛯原昇 杉田彰子 古矢薫 佐藤昌幸 青木翔平 阿知波淳平
磯部隆 大﨑双葉 近江花渚 小田木もも 仙田彩歌 副島杏南 滝口景太郎 田山礼真
廣内悠理 松ノ下直輝 宮田有利子 三輪真也 八木眸 山田諭志 古川菜津子
鈴木雄大 高原未来子 藤井多穂子 厚見アレックス太郎 伊藤香 伊藤由美 金野美穂
鈴木洋子 陳鋭 松浦麻恵

Product Management Company
大山聡子 大竹朝子 藤田浩芳 三谷祐一 千葉正幸 伊東佑真 榎本明日香
大田原恵美 小石亜季 野村美空 橋本莉奈 原典宏 星野悠果 牧野類 村尾純司
安永姫菜 斎藤悠人 浅野目七重 神日登美 波塚みなみ 林佳菜

Digital Solution & Production Company
大星多聞 中島俊平 馮東平 森谷真一 青木涼馬 宇賀神実 小野航平 佐藤淳基
舘瑞恵 津野主揮 西川なつか 野﨑竜海 野中保奈美 林秀樹 林秀規 元木優子
福田章平 小山怜那 千葉潤子 藤井かおり 町田加奈子

Headquarters
川島理 小関勝則 田中亜紀 山中麻吏 井筒浩 井上竜之介 奥田千晶 中西花
福永友紀 齋藤朋子 俵敬子 宮下祥子 池田望 石橋佐知子 丸山香織

Proofreader くすのき舎
DTP 浅野実子（いきデザイン）
Printing 日経印刷株式会社

●本書へのご意見ご感想は下記からご送信いただけます。
https://d21.co.jp/inquiry/

ISBN978-4-7993-3027-2
SONOMAMANOJIBUNWO IKITEMIRU by Tomoya Fujino